高效的工作执行术

王靖飞◎著

中国经济出版社
CHINA ECONOMIC PUBLISHING HOUSE
·北京·

图书在版编目（CIP）数据

高效工作的执行术／王靖飞著．-- 北京：中国经济出版社，2020.9

ISBN 978 - 7 - 5136 - 6110 - 2

Ⅰ.①高… Ⅱ.①王… Ⅲ.①工作 - 效率 - 通俗读物 Ⅳ.①C935 - 49

中国版本图书馆 CIP 数据核字（2020）第 047172 号

责任编辑　海　毅　闫　丽
责任印制　巢新强
封面设计　任燕飞装帧设计工作室

出版发行　中国经济出版社
印 刷 者　北京富泰印刷有限责任公司
经 销 者　各地新华书店
开　　本　710mm × 1000mm　1/16
印　　张　18.25
字　　数　246 千字
版　　次　2020 年 9 月第 1 版
印　　次　2020 年 9 月第 1 次
定　　价　58.00 元
广告经营许可证　京西工商广字第 8179 号

中国经济出版社 **网址** www.economyph.com **社址** 北京市东城区安定门外大街 58 号 **邮编** 100011
本版图书如存在印装质量问题，请与本社销售中心联系调换（联系电话：010 - 57512564）

前言

PREFACE

马云曾说，未来每天只需工作 4 小时，因此不懂时间管理的人必将被淘汰。作为阿里巴巴集团前董事局主席，马云善于高效利用碎片化时间，几乎无时无刻不在工作、思考。他曾分享高效开会的几个原则：

只开必须要开的会；

会前准备多些时间；

严格遵守会议议程；

专人做好会议记录；

认真落实会议决议。

这些原则看似平常，若能真正切实做到，就能有效地避免会议拖沓、议而不决等风气，从而让每一个会议都高效。

世上没有无缘无故的成功，所有的成功都是有原因的。马云也不例外，会高效工作就是他成功的原因之一。

会高效工作是一种强大的能力，在同等长度的时间内，完成了更多的工作，实现了更多的价值。其实，能否让工作变得简单高效，关键不在工作本身，也不在工作的安排者，而在于工作的执行者。

能否在工作开始前有清晰的思路和明确的目标？

能否在关键时刻做出正确的决策？

能否规划管理好自己的时间和精力？

能否锻炼出超凡的记忆力和沟通能力？

能否在麻烦降临时控制好自己的情绪？

能否在工作中恰当地运用正确的方法？

能否让自己在工作中不断积累精进？

高效人士会将上述问题一一解决，让思路清晰、目标明确、决策正确、时间充裕、精力充沛、记忆非凡、沟通超能、情绪稳定、方法得当、自我精进，在百忙之中仍游刃有余。可以说，这不只是一种工作状态，更是一种超凡境界。

在此祝愿每一位读书人，都能成为高效率人士。提升你的工作效率，必将增加你的成功机遇，更有可能创造自己的幸福人生！

目录 CONTENTS

第三章——————

正确决策：在复杂环境中做出有效选择

第四章——————

时间规划：把 8 个小时变为 24 个小时

第五章——————

精力管理：没有好精神，工作再简单也会变复杂

第六章——————

超级记忆：把自己的大脑变成工作储存器

第九章——————

善用方法：用好工具，就等于找到了工作捷径

第十章——————

自我赋能：让你的能力水平永远高于问题难度

第 一 章

深度思考：
先找问题本质，再提解决方案

工作中的问题无法避免。问题出现时，解决是唯一的途径。如何才能快速、轻松、正确地解决问题？寻找问题的本质！深度思考，找出问题本质，才能找到解决问题的最佳方法

第一节

深度思考就是让所有事情都能正确入手

有些人是工作来了就去做，很少想为什么要做，要怎样去做，以及做好了会得到什么结果，做不好会有什么后果。

有些人认为只要埋头苦干就可以了，连抬头看路的时间都要节省下来，虽然他们很努力很辛苦，但是成绩却不突出。

有些人边工作边总结经验，然后将经验运用到工作上，但他们却难逃出工作的误区，总是要经过很多次错误才能有本质上的提升。

有些人在工作中不讲究方式方法，只是一味地跟着工作的进程走，或是最终难以完成任务，或是最终虽然完成了任务，但是事半功倍。

……

这些人都犯了不深入思考的错误。因为思考不够深入，就埋头盲目工作；因为思考不够深入，就笃信天道酬勤；因为思考不够深入，就用战术上的频繁来掩饰战略上的懒惰。

事实上，任何深度思考前的盲目勤奋，注定都是吃力不讨好的徒劳。在碎片化信息爆炸的当下，在竞争激烈的高阶领域，决胜的关键不仅在于知识的多寡和勤奋的程度深浅，更在于是否具备深度思考的能力。

一、什么是深度思考

深度思考就是在思考的层面上比常规的浅度思考更加深入。比如，一项工作的难度根源在10的位置上，浅度思考可能只会达到2或3，最多达到5，而深度思考则至少能达到7或8，甚至会直达10（见图1-1）。

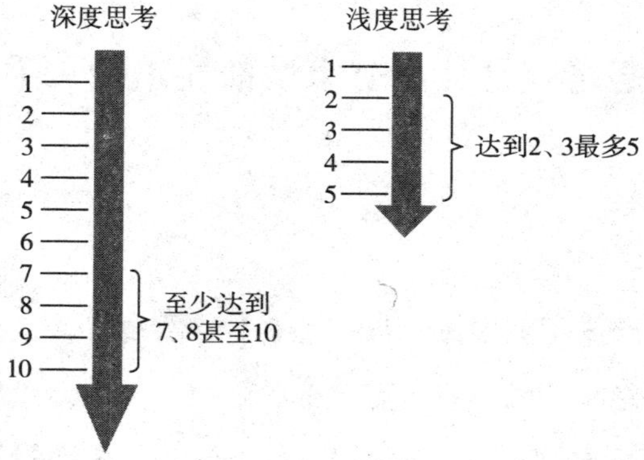

图1-1　深度思考和浅度思考

二、进行深度思考的好处

（一）进行深度思考，更容易发现真相

如图1-1所示，距离10的位置越近，发现根本性原因的距离也越近；如果直接达到了10，就等于直接了解到根源。

（二）进行深入思考，不被他人带偏

个人的认识是有局限的，一部分局限于自己的已有经验和常识，另一部分局限于外界环境的束缚，还有一部分局限于从众心理的影响。这三种局限对人的判断力影响巨大，如果不能深入思考加以辨别，极可能会被带偏。

（三）进行深入思考，剔除大脑中的错误观念

人的体验都是有限的，精力也是有限的，所获取的知识当然也是有限

的。在各种有限的作用下，大脑对事物加工后的观念也是有限的，因此并不能真实反映事物。此时若不深入思考加以鉴别，不随时将大脑里的错误观念加以清理，极易产生思想垃圾（思维定势或者思维谬误），阻碍正常有效地工作。

三、如何才能做到深入思考

（一）提醒自己工作中保持思考的习惯

工作中遇到问题是常态，有了问题，就要解决问题。而解决问题的最佳方式，是先思考，后行动。其实，不一定在有问题出现时，即便是风平浪静，也要经常性思考，以防止问题的出现。思考对于工作的重要意义（见图1－2）。

解决已出现的问题	预防未发生的问题
·思考引发问题的根本原因 ·思考与问题相关的所有方面 ·思考解决问题的方法的可行性 ·思考已解决问题的后续效果	·对有可能发生的各种问题，做到提前防备 ·对引发各种问题的因素，进行提前干扰 ·对一些不明状况，进行前期掌控

图1－2　思考对于工作的重要意义

其实，我们并不提倡问题发生后再想办法解决，最好是在问题出现之前，进行先期预防，这样做比问题发生后再解决既节省资源，也更加有效率。想要做到这一点，不断进行思考是必要的，工作中的每个步骤都考虑清楚，脚踏实地干工作。

（二）从身边熟悉的领域开始，降低难度

思考是循序渐进的过程，不能一开始就思考复杂的，那样不但难以思考出有效的结论，还会因为有难度而阻碍思考的意愿。

其实，思考是愉悦的过程。当我们通过思考逐渐找出问题的解决方法，那种成就感会让我们更愿意去思考。如此，思考就形成了良性循环。

思考还是严肃的过程，必须要严谨，所以思考的过程也会伴随着大脑的疲劳和心理的疲劳。乔治·索罗斯说：“有些人宁可死，都不愿意思考。”就是因为他们在思考中只体会到了疲劳，而没有体会到愉悦。

要怎样在思考中获得愉悦的感觉呢?

一个最简单易行的方法就是降低难度，从简单的事情开始思考，从身边熟悉的领域开始思考，从习以为常的现象或结论开始思考，先积累思考中的乐趣，在不断地思考中增强自己的思考力（见图1－3）。

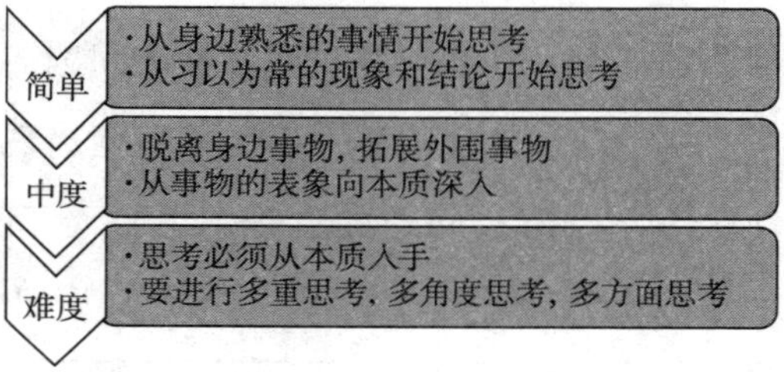

图1－3　由简入难进行思考

我们以思考太阳为什么东升西落现象为例。此时，我们就不能只回答：“那不是正常嘛!”这是根本没有思考的答案。而回答：“地球的自转导致”，这就是开始思考了的答案，由事物的表象深入事物的本身。

因为思考是积累的过程，所以不能一直停留在简单的阶段，还要向中度和难度进阶。降低难度的目的是为了最终战胜难度。

（三）思考为什么，然后得出结论

思考必须要得出结论，否则思考就没有了价值。

我们之所以要思考，往往是为了找到与事物和现象更加贴近的结论、方法、答案。如果只思考而没有结论，就达不到思考的效果。

有人问：“思考并不能保证对错，因此得出了结论——如果是错误的，岂不是更糟糕!”

“失败是成功之母”这句话你一定听说过，没有前期的失败，怎么能证明后期是成功的？思考也是这样的，没有之前的错误做参照，如何能得出正确的结论？在总结出“日心说”理论之前，“地心说”的理论通行了两千年，虽然后来被推翻了，但并不妨碍其伟大。如今“日心说”理论也被证明是不正确的，但在科学思考和探索的路上，它也是辉煌的。

当然在工作中，我们尽量要得出正确的结论（这是思考能力达到之后可以获得的结果），如果确实难以确定是对是错，就不要将结论立即付诸行动，还要进一步尝试、思考、检验。我们不求每一次思考得出的结论都是正确的，只求每一次思考后得出的结论比上一次的更加完善。

（四）要伴随横向思考和发散思维

一提到深度思考，很多人就自然想到了“垂直思考”。

就像钻井一样，让思维不断下沉，以求得思考的深入性。听起来“垂直思考”是不错的，但如果换一种说法，就相当于说它“缺乏思维发散”。思考从来不是在一根线上进行的，那样的思考是缺乏参考价值的。比如，怎样能让牙膏的销量更好一些，如果只是围绕牙膏的配方、工艺、生产、营销等方面想对策，就属于“垂直思考”。虽然也能在某种程度上解决一定的问题，但往往不能从“根”上解决问题。但有一个人提出“将牙膏管的口径增大一毫米”，一下子就打破了思考的形式，将“垂直思考”改为“发散思考”。

需要强调一点，图 1 - 1 所呈现的是深度思考与浅度思考在深入程度上的形象化对比，不表示深度思考要一直向下。

“深度”不等于“垂直度”，因为问题是无形的，思维也是无形的，所以想打开深度思考的大门，必须要打开深入思考的思维壁垒。思考任何事物，都不能只从一个方向切入，要进行多方向、多角度、多命题、多层级的切入，力争从最多的方面去看待事物。

第二节

认清自己的思维定式

“你知道自己是以什么思维方式去对事物进行思考的”？这个问题恐怕很多人都回答不上来，因为没办法描述，挺抽象的，所以有些人会说：“我思考时不知道用了什么，反正我就是思考了，也得出了我的结论。”

其实，我们每个人都有自己惯用的思维方式和思维习惯，我们思考任何事情都会依此进行。比如，看到办公室某人趴在桌子上，会自然地认为他一定经常性偷懒；与人合作完成某项工作，如果出了问题，会首先认为错在对方；与某个名声比自己大的人交谈，会顾虑对方的地位而不能尽述自己的观点……

类似这样的状况，不是偶尔发生，而是经常性存在，根源就在思维中的一些定式性认识。就像上述的状况中：

趴桌子 = 偷懒

推卸责任的心理 = 自己不会错 = 都是对方的错

名声大 = 权威性强 = 观点正确 = 自己的观点不对

上述等式就是定式性思维带给我们的惯性认知，而想要进行深度思考，就必须打破这种思维上的定式。

下面，我们换一种思维来重新解释上述的三种情况：

趴在桌子上可能是因为身体不舒服，心情不太好，只是暂时的行为；

合作的工作出现问题，一定是合作者双方共同负责任，谁都脱离不开；

名声比自己大，可能只是年龄大、成名早、有地位，实力不一定就高出一筹。

当我们这样看待问题时，就会发现，原来思维定式里认定的东西，很可能都是不成立的。只要突破了思维里的墙，发现问题和解决问题的方法也变得多样起来。因此，必须认清自己的思维定式，看看是哪种定式束缚着自己的思维，然后打破它。

一、如何认清思维定式

（一）了解常规性的九种思维定式

绝大多数人都有思维定式，而且是不好的思维定式。因此想要提高深度思考的能力，就需要了解自己可能陷入的思维定式。

平井孝志在其所著的《麻省理工深度思考法》一书中，告诉我们阻碍深度思考的九个思维定式，分别是：因果倒置、满足于普通解释、依赖框架、范围适应、思考止于关键词、执着于初步假设、忘却思考的初衷、偏重过程和失去独立思维。

第一种，因果倒置。

是指忽视了现象背后的本质，只将现象当作原因，并以此去回答。比如："工作没有完成啊！"你告诉对方："抓紧时间呀！"也许简单的"抓紧时间"只是治标不治本，几天之后又打回原形。无法完成工作的原因有可能是对方不知道完成工作的意义和好处，以及完成工作对自己的人生意义！但也有可能只是因为对方近期身体出现问题或精力管理出了问题，并不是对方不努力。

第二种，满足于普通解释。

是指遇到问题后，只是停留在最普通的解决方式上。比如：“一定要努力工作！”你告诉对方：“少娱乐、多做事。”听起来很不错，其实却很空泛，就是一句很普通的解释。能提供具体的方法建议，才堪称好。像这样，“你需要制订一份工作计划，然后每天认真执行，一丝不苟，坚持一段时间后就会有变化。”

第三种，依赖框架。

是指沿用过往的某个框架进行信息整理，从而停止了自己去思考。其实，框架是在解决某类特定问题时建立起来的，使用的范围很有限，因此只能作为辅助思考工具，经常性依赖框架不仅会干扰解决问题的效果，还会阻碍独立思维能力的形成。

第四种，范围适应。

是指着眼于对事物的分类，以在合适的范围内寻求合理的解释。比如，A说：“自从他来了，已经出了两次错误了！”B回答：“因为他是新人嘛！”再比如，C说：“他的逻辑思维能力很强呀！”D回答：“因为他是学理科的出身呀！”分类在很多时候都是有作用的，但在进行思考之前先进行分类，就不是很正确，很容易会妨碍到思考的整体性，进而影响思考的正确性。新人就一定会犯错误吗？逻辑思维能力强的就一定是理科生吗？显然这是不成立的，只能说是定式思维限制了我们。

第五种，思考止于关键词。

是指在遇到某些问题时，不经过思考就滥用关键词，以为自己理解了，其实并不懂。比如，你问：“猪能在高寒地区生存吗？”有人回答：“无毛动物不可能生存在特别冷的地域。”对方说出的“无毛动物”关键词，就让他停止了思考。他认为说到了问题的关键点，但很遗憾，他的回答是错误的，因为猪如果长出毛就可以在寒冷地区生存了。现实中西伯利亚地区的原住民几千年前就开始驯养家猪，那里的猪长着长卷毛，像烫发了一样。可见，比起关键词本身，更重要的是找到关键词并进一步探索，力争探索到问题的根源。

第六种，执着于初步假设。

是指在解决问题时，以假设作为切入，但执着于将思考停留在刚发现的问题本质的一角上，而无视问题的全貌，自封于自己的假设中，根据不健全的、甚至不正确的假设做出决定。但是，假设不能是固定不变的，而是要随着新信息的变化而改变，只有吸收新的想法和新的发现，假设才具有参考价值。

第七种，忘却思考的初衷。

是指沉迷于当前的事务，而丢失了本来的目的。比如，你为了写篇文章到处收集素材，经过一段时间的忙碌后，素材收集得差不多了，却忘记了自己为什么要这么做，这些素材都有什么用呢？自己的想法都忘光了。这种做着做着就忘了、说着说着就忘了的现象的出现，都是因为陷入思维定式中，只顾着沿着思路一直走，却忘了初衷。

第八种，偏重过程。

这是一种“只做不想”的工作模式。很多人错误地把“执行程序”当作思考过程，认为“做”就是“思考”。比如，领导问你：“你认为顾客真正的需求是什么？”你回答说“我们可以通过问卷调查看出来”或者“我会做些准备在会议上说明”。看起来回答得不错，其实这些回答只说明了操作过程，对真正应该回答的问题却未能做出实质性解答。

第九种，失去独立思维。

分为两种情况，一种是对自己的想法没有自信，另一种是懒于自己思考而更多依赖别人的想法。这两种情况都会逐渐导致个体失去独立思考的能力，变成随声附和的应声筒。

（二）判断出阻碍自己的一种或几种思维定式

当我们初步了解了九种常规的思维定式后，还需要进行“对号入座”，判断出自己的思维定式，以便能够“对症下药”，促使自己重新建立起优质的思维。

我们先要清楚，上述九种思维定式是能够划分出层级的（见图1－4）。

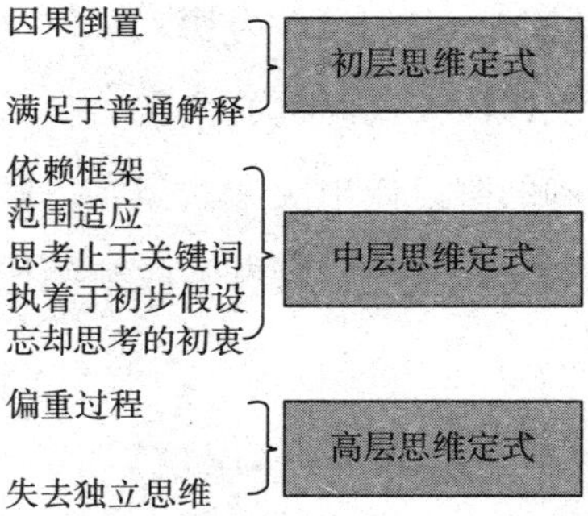

图1－4　思维定式的层级划分

接下来就是根据自己平时的思考习惯和行为习惯，判断出自己的思维定式。通常情况下，一个人不止有一种思维定式。人们平时的思维和得出的结论，大部分都是思维定式导致的。因此，通过反思日常的表现，就能知道自己有哪些思维定式。

比如，A发现自己经常打断别人说话，急着说出自己的观点，然后还设计出一个场景来为自己的观点进行佐证。

再比如，B觉得自己对权威的观点有些过度重视了，而且总是在一种模式内思考问题，与人交谈经常咬文嚼字，希望别人高看自己。

下面，我们把自己当成大夫，看看A和B分别具有哪几项思维定式（按严重程度进行排列）。

A的思维定式有：满足于普通解释，因果倒置，执着于初步假设。

B的思维定式有：满足于普通解释，依赖框架，思考止于关键词，失去独立思维。

当然，上述九种思维定式不是全部，只是最具有代表性和涵盖性的，若是发现自己的某些思维细节超出了上述九种的范围，还需要自己进一步学习，去增强这方面的知识，争取认识清楚。这样才有助于我们彻底摆脱思维定式对自己的影响。

（三）重建全新的、优质的思维习惯

建立自己的思维习惯，也要有渐进过程，不能奢望短时间就成功。通常可以分为三个级别，分别是：常识思维、批判思维、理性思维。

第一级，常识思维。

常识是对普遍现象的认知，具备常识思维模式后，就有了独立思考的自觉性，但还没有具备独立的思考能力。因此，常识思维运用不当，很容易演变为权威思维、依赖思维或从众思维。这种情况反而导致独立思考的意识也渐渐丧失了。

常识思维只是尊重常识，却并不是无条件相信常识。就像通常情况下人们认为“应届毕业生缺乏实践能力”，就在招聘时排斥应届毕业生。这就是无条件相信所谓的常识产生的从众心理。应届毕业生虽然缺乏实践，但因为相较非大学生知识水平高，给工作带去的改变也会大，会在将来发挥大的作用。

第二级，批判思维。

当我们不迷信常识，善于突破常识，就具备了批判思维。这是深度思考必须具备的思维基础。如果对常识不进行批判思维，世界就难以进步。所以，人类世界 的每一次进步，都是来自对原有常识的打破。比如，曾经人们认为机器不可能代替人工，但各行业的先驱们在不断地发明实践后，实现了流水线作业。但是，打破常识也要有限度，不能怀疑一切，进而颠覆一切。那样就成了逆反思维，任何事物都要反对，人就会走向偏激。因此，要在科学理论和实践证明的基础上打破常识，进而发展批判思维。

第三级，理性思维。

当一个人能够在适合的状况下合理地运用批判思维，就说明这个人拥有了理性思维。能够掌控自己的情绪，做出理性的决定，懂得换位思考，知道平衡全局。到了这个阶段，就拥有了建立深度思考的坚实基础。

当然，理性思维也应该保持适度，过度理性会让人显得机械。理性思考，也需要感性润滑，这样的思维习惯才是成熟的。

第三节

建立深度思考的思维方式

理性思维是建立深度思考的基础，一个不具备理性思维能力的人，绝对无法深度思考。

比如，在工组中发生了一起突发事故，具有理性思维能力的 A 能够静下心分析原因，虽然事态紧急，但理性告诉他不能急，事情的原因不搞清楚，做什么决定都是无益的。而不具备理性思维能力的 B 则在简单分析事情之后，就立即做决定，想要将问题立刻解决。

试问，A 和 B 谁能更好地解决问题呢？

肯定是 A。理性思维能够帮助问题解决者更好地分析问题，做出决策，选择方法，应对突变。同时，A 也能够通过理性思维让自己进入深度思考中，将问题的每一个细节考虑清楚，分析透彻，最终将问题完美解决。

一、笔记思维——记录第一手资料

当工作中出现问题时，让自己冷静下来是第一要务，因为没有前期的冷静，就难有后期深度思考的机会。

让自己冷静其实并不容易，我们都有过因为工作不顺而情绪波动的时候，这个时候总会觉得情绪是我们的主人，难以控制住。于是，一种“借力”控制被很多人应用，这就是“做笔记”。

做笔记使人在记录的过程中情绪逐渐稳定，同时在第一时间将问题的起因和发生经过记录下来，也是宝贵的第一手资料。况且随身携带一支笔、一个小本，很容易做到。记录的内容不用十分具体，只要记下纲领，作为日后需要时的参考即可（见图 1 –5）。

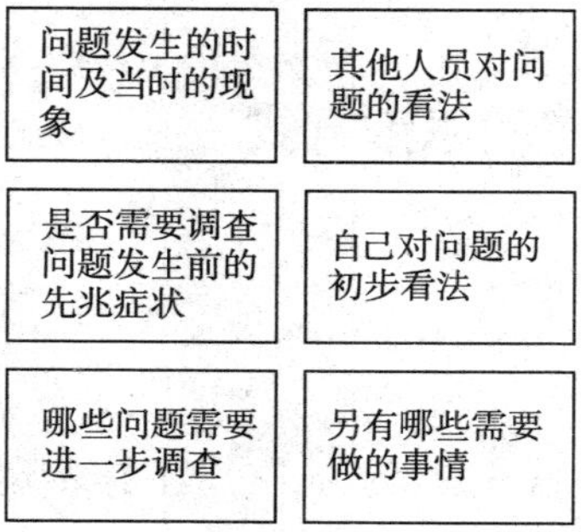

图 1 –5　“笔记思维”——记录的项目

上图中的六项都是必须记录的。如果当时能够确定的就记录下来，不能确定的也要将怀疑项记录下来；如果某一项确实没有记录的必要，也要标注清楚“Yes” or “No”。下面来看一个具体的案例（见表 1 –1）。

表 1 –1　笔记思维记录的具体案例

工作问题记录清单一号	
1. 问题发生的时间	2019 年 1 月 7 日
2. 问题发生时的状况	××小区 3 号楼、4 号楼塑钢窗质量出现问题，无法安装
3. 在场工作人员的看法	必须重做的 1 人；可以修正的 4 人
4. 是否需要调查前情	需要
5. 前情调查状况	经过调查后再写明
6. 自己的初步看法	若无法修正，就要抓紧时间重做
7. 进一步调查	原材料方面是否合格
8. 其他需要做的事情	与对方进行协商，争取延期；企业进行损失核算
	记录人：×××

如果随身未带纸笔，拿出手机也可以记录（虽然用手机记录感觉少了些“温度”，而且会有速度方面的限制，但也是一种不错的选择）。

二、故事思维——发生讨论，扩展思考范围

所谓“故事思维”不是让我们讲故事，也不是让我们将工作中的问题当成故事来看待，而是借助于故事的“意会性”帮助我们思考。

讲故事时，总是一方描绘场景，一方进行情感接受，其实，讲述者在讲的过程中自己也能更深刻地理解故事中的深意，这就是“意会”的意义。

当工作中出现了问题，我们也进行了记录，接下来应该怎么办？应该想办法让解决问题的思路发散出去，争取让自己有机会从各个角度切进去，深刻地认识到问题的本质，也找到解决问题最恰当的方法。所以，要将问题讲出来，将自己对问题的理解讲出来。但这种讲述是有条件的（见图1－6）。

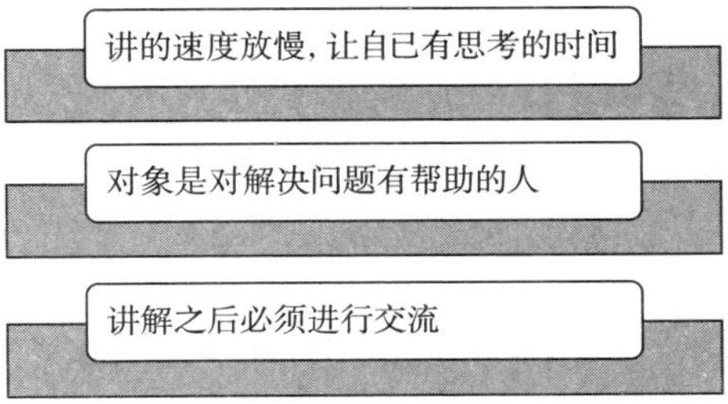

图1－6 “故事思维”——讲故事的条件

三、过程思维——监测具体执行

有了解决问题的思路，也有了一些解决问题的方法，接下来就要进入解决问题的过程了。是不是到此时就不需要思考了，只要开始解决问题的行动就可以了？很多人就是这样做的，只要想到了解决的方法，思考就停

止了，因为他们觉得再思考没有意义了。其实，恰好相反，对于过程的思考也是非常必要的——能保证过程持续有效。

因此，过程思维不是一种思维方式，而是结合解决问题的过程而存在的一种思维形式。想要做到过程思维有效，需要有以下四项原则作为保证（见图1－7）。

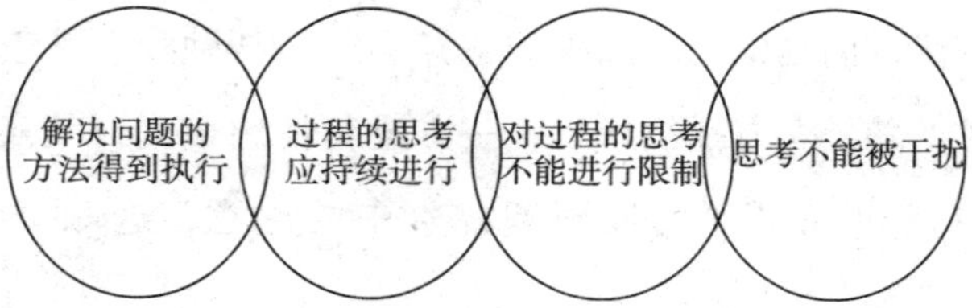

图1－7　过程思维的原则

四、减法思维——剔除冗余方法

对于过程的思考，是为了让解决问题的过程更加顺畅。因此，如果发现了有对解决问题构成阻碍的因素，就需要减法思维帮忙，将其剔除。

比如，写作时总是难以集中精力，进度很慢。解决的方式确定为：关掉网络，闭门谢客，制定工作计划和每日工作进度。在真正执行时，发现没有网络反而不利写作，立即运用“减法思维”将“关掉网络”这项剔除。

当然，不是所有的剔除都能达到效果。就像上面说的，关掉网络不可以，恢复网络很可能会分散精力，该怎么办？这就涉及有替代性的减法思维，需要为关掉网络寻找合适的替代方法，比如保留网络，但要卸载游戏，卸载微博，卸载直播吧，卸载QQ，卸载微信……

除了彻底剔除和替代性剔除之外，减法思维还可用于合并。有时候两个或多个因素，各自独立时会造成浪费，但删掉又对解决问题产生影响，所以就需要将其进行“多功能组合”。

比如，上面的案例已经将“关掉网络”改为“保留网络，卸载游戏，卸载微博，卸载直播吧，卸载 QQ，卸载微信……”，其实规定如此详细没有必要，只需要进行合并，将保留网络后面的一系列组合为“除工作需要的软件，其余一律卸载（或关闭）”。这样既保证了解决问题的彻底性，又让方法更有辨识度和易操作性。

第四节

借助金字塔结构分析问题

“金字塔结构”源自于“金字塔原理”，是一项层次性、结构化的思考、沟通和解决问题的技术。由美国管理学家、麦肯锡公司第一位女性咨询顾问芭芭拉·明托提出，也叫“明托原理”，其表现形式呈金字塔状。

在《金字塔原理》一书中，明托将“金字塔原理”分为四个部分：

1. 表达的逻辑，阐述如何构建金字塔结构。

2. 思考的逻辑，如何更加深入地处理思维逻辑。

3. 解决问题的逻辑，如何应用金字塔原理去解决问题。

4. 演示的逻辑，如何将解决问题的逻辑表达出来。

这四个部分就是依据深度思考得出的，也是深度思考的过程再现：从表达，到思考，再到解决问题，最后是演示（见图 1－8）。

一、什么是“金字塔原理”

下面看一个案例：

1. 接到工作——老板让秘书尽快安排一个紧急会议，要求请到甲公司的张总、乙公司的杨总和丙公司的谢总参加。

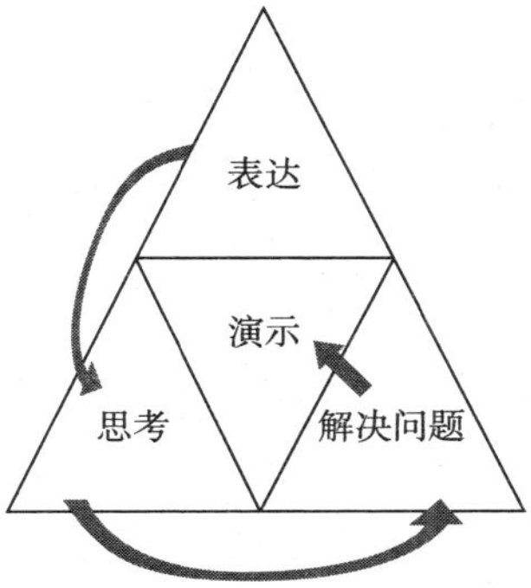

图 1－8　“金字塔原理”的四个部分

看起来这不是一项有难度的工作，但也不能接到后就做，要好好想一想如何确认几名老总的时间安排。

2. 执行工作——经过沟通后，秘书发现张总今天没有时间，杨总出差明天下午才能回来，谢总周五下午约了医生。

当清楚了工作对象的时间安排后，还要结合自己公司的具体情况，制定出最合适的工作安排。

3. 工作安排——今天是周三，小会议室周三下午和周四全天是空的，大会议室周三和周五全天是空的，所以会议定在周五上午 9：00 ~ 10：00 之间进行最合适。

接下来就是向老板汇报工作进度和建议工作安排。如果你是这位秘书，你会怎么向老板汇报？

汇报方式一：老板，张总今天没有时间，杨总明天下午没有时间，谢总周五下午没有时间，周三下午和周四全天小会议室空闲，周三和周五全天大会议室空闲，我们将会议定在周五上午9：00 ~ 10：00 之间进行，您看可以吗？

汇报方式二：老板，会议可以定在周五上午 9：00 ~ 10：00 之间在大会议室举行，可以吗？三位老总只有周五可以参加会议，张总今天没有时间，杨总出差明天下午回来，谢总周五下午约了医生。小会议室周五被占，大会议室周五可以。

如果我是老板，我更愿意听第二种汇报。

对老板而言，最重要的目的是想知道什么时候可以开会，第二种汇报先将这个问题阐述清楚，后边的可以选择性接收。如果是第一种汇报，老板需要听到最后才能知道开会的时间，这是缺乏逻辑的表述，既浪费时间，又显得混乱。而第二种汇报方式则有效地将问题清晰化，老板能够有目的性地接收对其有用的信息，而不是被动地全部接收，这样就保证了有效信息的完整性。

针对上述案例，总结以下几点：

1. 先说出结论：即会议的时间和地点。

2. 上一层观点是下一层观点的汇总：其中，上层的观点是“三位老总只有周五才可以参加会议”，下层的观点分别是“张总今天没有时间”“杨总出差明天下午回来”“谢总周五下午约了医生”。

3. 进行归类分组：“与会人员”是一组，“会议地点”是一组，每一组都属于同一个范畴。

4. 递进关系：从“会议地点”来说，先分别确定大、小会议室的闲置时间，然后确定哪个会议室合适。

二、“金字塔原理”必须遵循的四个原则

1. 结论先行：先归纳出待解决问题的核心结论和观点。

2. 以上统下：上一层论点是下一层分论点的总结概括。如图1－9所示，“A论点”是“A1分论点”“A2分论点”“A3分论点”的总结概括。

3. 归类分组：每一组都隶属于同一个范畴。如图1－9所示，“A论点”及其下所有分论点都属于同一个范畴。

4. 逻辑递进：每一层中的思想都需要按照逻辑顺序来递进。如图1－9

所示，“A 论点”与其下的分论点都存在逻辑递进的关系。

由上可知，任何一件事情或一个问题都可以归纳出一个核心结论或观点，而这个结论或观点又可以由若干个大论点予以支持，每一个大论点又可以分为若干个小论点，这样不断拆解问题，就像一个金字塔一样。总之，金字塔结构就是“以结果为导向的论述过程”或“以结论为导向的逻辑推理程序”，其中，越往金字塔上层的论述价值越高。

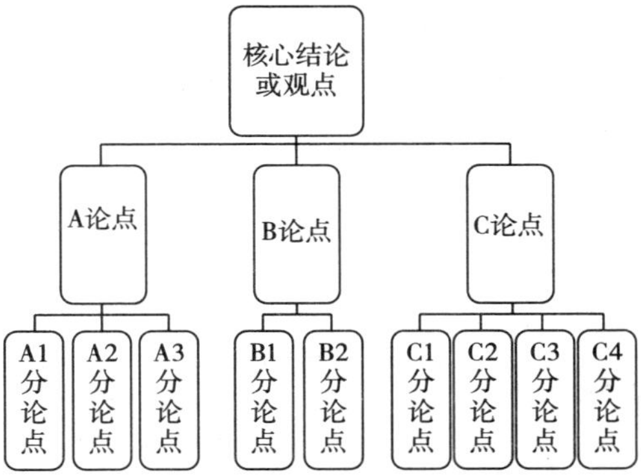

图 1－9　金字塔结构分析问题

如图 1－9 所示，“金字塔原理”实际上由两个结构组成：一个是从上到下的上下结构，核心结论或观点→分论点→再分论点；一个是从左到右的横向结构，分论点→分论点→分论点，但分论点总结在一起，又汇成了从下往上的纵向结构，这就被称为金字塔的内部结构。

三、“金字塔原理”内部结构

（一）“金字塔原理”按上下纵向结构分析问题

如图 1－9 所示，“A 论点”与其下的“A1 分论点”“A2 分论点”“A3 分论点”呈纵向结构，“B 论点”与其下的“B1 分论点”“B2 分论点”呈纵向结构，“C 论点”与其下的“C1 分论点”“C2 分论点”“C3 分论点”“C4 分论点”呈纵向结构。

纵向结构分为两种情况，分别是“自上而下的结论先行模式”和“自下而上的总结概括模式”。

第一，自上而下，结论先行。

先抛结论，然后列出几个论点来支持自己的结论，再层层详细剖析展开。当心中已对问题有了具体的了解或解决思路时，适合用自上而下法。

比如，某人要进行年终总结，基本知道自己面对的问题的主题是什么，即“今年的成绩”“遇到的问题”“明年的规划”三项。此时，可以采用自上而下法构建金字塔结构，条理清晰地表明自己的想法，准确总结自己一年来的不足和进步（见图1－10）。

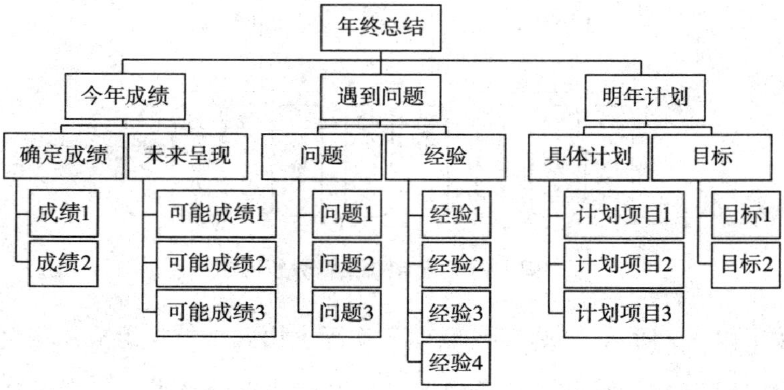

图1－10　纵向结构中的“自上而下，结论先行”

第二，自下而上，总结概括。

当对于想要解决的问题思绪还比较混乱时，适合用自下而上的方法来构建金字塔结构。即先将问题中的同类因素合并，进行归类分组（这是建立分论点的过程），然后概括每个组的中心意思，提炼出核心主题（这是建立大论点的过程），最后完善整个思考过程，总结出最终的核心结论或观点。

（二）“金字塔原理”按左右横向结构分析问题

如图1－9所示，“A论点”与“B论点”和“C论点”是横向结构。

同样，“A1 分论点”“A2 分论点”“A3 分论点”与“B1 分论点”“B2 分论点”与“C1 分论点”“C2 分论点”“C3 分论点”“C4 分论点”也是横向结构。

横向结构分为演绎推理和归纳总结两种方法。

1. 演绎推理结构解读。演绎推理通常由大前提 + 小前提组成，从而推导出结论（见图 1－11）。

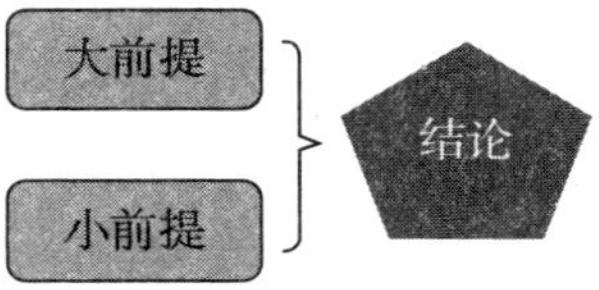

图 1－11　横向结构中的演绎推理

例如，塔吊司机没有恐高症→A 是一名塔吊司机→因此 A 不恐高。

第一句话：塔吊司机没有恐高症（大前提）。

第二句话：A 是一名塔吊司机（小前提）。

第三句话：因此 A 不恐高（结论）。

2. 归纳总结结构解读。归纳推理通常由若干个具有相似性的事件推导出一个概括性的结论（见图 1－12）。

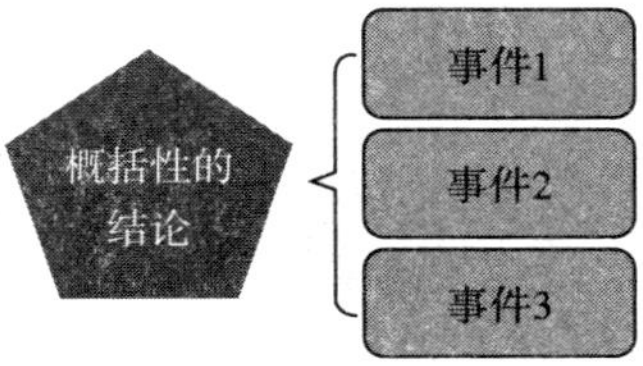

图 1－12　横向结构中的归纳总结

例如，A 不会做需求分析；

A 不会写需求文档；

A 不能与人良好地沟通；

归纳后推导得出：A 不能胜任产品经理一职。

通过演绎推理或者归纳总结，我们都能够得到一个核心的结论或观点，这个结论或观点与充分论据一起构成一个金字塔结构。

其实，只要我们细心研究、用心驾驭，“金字塔原理”能帮我们在工作中解决很多疑难问题，真正做到重点突出，开门见山，提高效率。

第五节

以目标为导向思考问题的解决办法

我们思考问题的目的是什么？是为了解决问题。其实，解决问题在某种程度上就相当于达到了目标。因此，美国宾夕法尼亚大学沃顿商学院的凯西·拉舍尔教授提出了“以目标为导向去思考问题”的思维方式。

拉舍尔解释说：“‘以目标为导向去思考问题’的思维方式，就是深度思考。深度思考是保证我们更高效完成工作的基础。哪怕只进行10分钟的深度思考，也能显著提高学习和工作的效率。”

一、深度思考的几项重要作用

（一）“深度思考”让我们开始认真思考

“是什么让我疲于应对或倍感压力？”

“这件事我有必要去做吗？”

“这件事我做到最后能达到我的预期效果吗？”

曾经我们不会思考这样的问题，如今我们开始思考这样的问题，因为这些问题阻碍着我们成为高效人士。问自己什么该做，什么不该做，什么必须立即去做，这样考虑的目的可以避免消耗过多的精力与时间。

（二）“深度思考”让我们能够分清主次

任何工作都要遵循一定的顺序，保证顺序正确，工作才能顺利完成。如何确定顺序，必须要进行深度思考，厘清工作的每一个环节，再确认每一个环节，优先做什么就会自然呈现出来。

（三）“深度思考”让我们在做事之前或做事的过程中能够停下来进行适当的思考

这样的思考可以让问题的解决变得更加顺畅。我们不应该埋头工作，而是要在工作的关键节点处给自己按下暂停键，认真思考一番，确认了方向后，工作的进展会更加顺利。

（四）“深度思考”让我们及时找到困扰和发现危险信号

工作中的困难经常会出现，这样的思考能够让我们主动采取措施，在问题出现之前及时发觉，及时杜绝。

二、如何进行有效的思考

通过二十几年的领导力发展培训工作且具备研究“深度思考”方面的强大学术技能的拉舍尔，为我们总结了一个行之有效的方法，即“EDGE－it思考模式”，在其所著的《深度思考：让所有的事情都能正确入手》一书中首次提出。

三、“EDGE－it 思考模式”五个阶段

（一）“E”（Experience）——总结经验

总结经验不是只总结，而是在总结的过程中深度回想自身的经验。除了注意经验表层的东西，还要具备辨识能力，总结出更多心得体会。

之所以将总结经验放在第一步，拉舍尔解释说：“经验是人们工作过

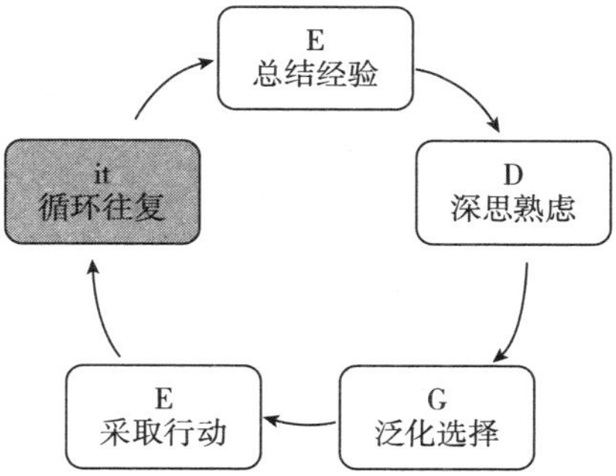

图1－13 “EDGE－it思考模式”的五个阶段

程中最常依赖的外在因素，对目标的实现往往具有决定性作用。”

可见，经验的利用对于“以目标为导向思考问题”产生了干扰作用，所以我们有必要去思考这些经验，看看哪些是不合理、不正确的，以便及时剔除。

比如，我现在重新去看自己写过的文章，得出的结论是：一些文章的目的并不明确，布局也不够合理。之所以会这样，就是因为我一味地遵循经验，在不应该借鉴经验的文章类型上也盲目地借鉴了。

（二）“D”（Deliberate）——深思熟虑

把自己的行动拆分为精细化操作，对经验的意义进行深入理解，可以用问答的方式来帮助自己获得进步和改善（尽量用开放性问题），将经验的方方面面都了解透彻，对经验的实用价值进行思考，这样才能真正意识到“发生了什么状况”。

下面是我对自己写作经验的问答（见表1－2）。

表1－2 写作经验问答

问（开放式问题）	答（确定性答案）
我写作的目的是什么？	是为了给读者传递某种观点
为什么愿意遵循过往经验？	因为相信以往的被认可
遵循经验给我带来了哪些好处？	写作速度加快，写作连贯性增强

续表

问（开放式问题）	答（确定性答案）
遵循经验给我带来了哪些坏处?	禁锢思维，闭锁思路，阻挡交流，阻碍进步
对自己近期的写作状态满意吗?	满意
为什么满意?	因为写作速度很快

需要注意的是，在这种问答表中，必须要对问题作出回答，如果没有想好要怎么回答，也要进行思考，直至写出一个让自己信服的答案。

通过所列的问答表，我发现了自己的问题所在:

我有些过于自信了，将自己闭锁在个人世界中，缺乏向外的交流，只是单独地认为自己写作速度提高了，是自己的能力提高了，其实这是对自己认识的误区。

（三）“G”（Generate）——泛化选择

这个阶段的核心是：现在我能做什么。记住一定要问自己“我能做些什么才能改变不好的现状?”。不要轻易就做出回答，要不断转换视角，尝试从不同的角度去看待问题，给接下来的行动创造更多的选择，制定出多个可供选择的方案。方案的重点在于“能做”，而不是“要做”。

所以，我开始思考现在我该做什么。我的选择有三：一是去学习好的文章的写作方法，二是去请教其他文友，三是去上写作课。

（四）“E”（Excute）——采取行动

评估所有的选项，找到最适合自己的那一项，制订一份详细的工作计划，然后果断执行下去。

前一阶段的三个选项中，我选择了第一种。因为我没有时间去上写作课，而且总去麻烦其他文友也不是办法。接下来我不断地揣摩优秀文章的表述技巧，想不明白时，我也会向其他文友请教。最后取得的进步是：我的文章布局越来越合理，并且在字里行间流露出我和读者的交流。

（五）“it”（iterate）——循环往复

就是对前面的四个阶段进行重复循环，直到把它变成一种习惯。这一点至关重要，让“EDGE－it 思考模式”成为一种工作习惯。

拉舍尔提出的“EDGE－it 思考模式”顺利地解决了我工作上的问题。这个方法不但适合个人，也适用于团队，可以广泛地应用在各类工作中，在企业中建设深思文化。

第六节

从问题的广泛性与独特性上提升思考能力

任何问题都有特征，有的特征属于专属，有的特征则是普遍的。不论是专属还是普遍，在思考并想要解决该问题时，两者都要给予重视。

重视的方式是采用不同的问题分析模式——“海绵式收集”和“淘金式过滤”。前者类似于海绵对水的吸收，后者类似于在一堆沙砾中找出金子。

“海绵式收集”和“淘金式过滤”能够正确运用，需要建立在与之对应的思维方式上，即“海绵式思维”和“淘金式思维”。只有两种思维联动，分析才是完整的。因此，两者必须合并使用，缺一不可。

海绵式收集有两个特点：首先，吸收的与问题相关的信息越多，越有助于理解分析复杂性的问题；其次，收集的路径广泛，收集的速率高效，不需要复杂的心理加工过程。

海绵式收集也存在不足：不能提供一种方法来确定哪些信息值得相信，哪些信息应该舍弃。如果单纯依靠海绵式收集，意味着所做的决定会缺乏严谨性。

“淘金式过滤”恰好弥补了这个不足。在大量信息的基础上，本着选择和批判的态度接受信息，检验信息的真实性、可靠性和实用性。这个步骤富于挑战性，有时候甚至是艰辛的，但回报也是巨大的。

因此，“海绵式收集”强调信息的获得；“淘金式过滤”强调与信息积极的互动。我们以表格形式展示两者的区别（见表1－3）：

表1－3　“海绵式收集”与“淘金式过滤”的区别

	海绵式收集	淘金式过滤
优点	（1）获取大量与问题相关的信息，为展开复杂的思考分析打基础 （2）思维方式轻松快捷	（1）愿意自己掌握主动权，对接受的信息做出决定和取舍 （2）带着问题、态度、目的去鉴别信息，积极与信息互动
缺点	各种信息不能做出取舍，容易迷失在庞大的信息中	必须依赖前期的大范围“海绵式收集”
相同点	收集信息，并从中慢慢接近问题的本质	
不同点	单方面的、大量的输入信息	自问一些疑问性问题，对信息做出取舍，找出最佳判断和最合理的看法

从“海绵式”过度到“淘金式”是深度思考问题的过程。下面，结合具体实例说明这个过程。荷兰人派特·欧多夫青年时在园艺圈内没什么名气，设计的家庭型园林常惹得雇主不满——有的雇主拒付佣金并要求重新改造。为了挽救事业，欧多夫决定先调查人们修建草坪的真正原因，由此入手进行有针对性的设计（见图1－14）。

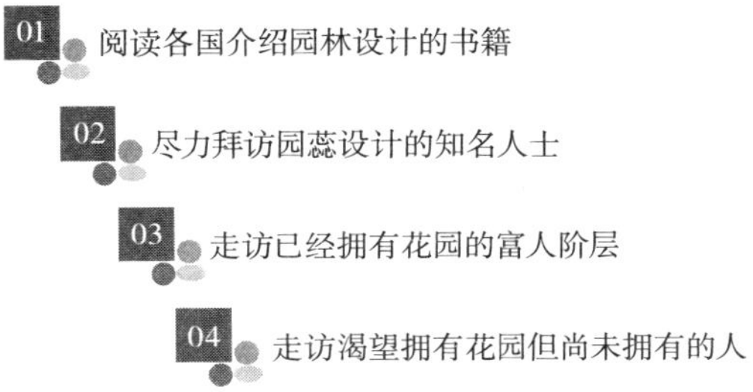

图1－14　欧多夫调查的四种途径

仅仅是阅读、走访、收集资料并不能满足欧多夫对园林设计的需要，他要从接触到的信息中吸收最有用的养分，以取长补短，提升能力。

这一过程可说是完全契合“海绵式收集”和“淘金式过滤”的模式。

一、“海绵式收集”——汇聚与问题有关的所有信息

通过大量阅读相关资料，欧多夫全面了解了园艺发展的历史和人们拥有园林的心态变化。历史上欧洲富人喜欢自己家门前有一片漂亮的园艺草坪，并不是出于对自然的喜爱，而是身份的一种体现。毕竟在没有机械的年代，园艺维护全靠人力，而且园艺除了好看之外没有任何实际的用处——既贵又没用，只有贵族阶层才能享有。

从拜访的数位园艺设计师那里，欧多夫学到了很多或经典或奇特或前卫的理念，比如花园的面积缩减，不再过分注重花的颜色，与大自然连接起来等。

从拥有花园的人口中，欧多夫了解了他们修建花园的想法：“我自己动手修剪，可以展现我的个性和情调，整个过程非常美妙”；“我的宠物可以在花园里面肆意玩耍”；“在花园里举办聚会，一般都在中心草坪来展开”；“花园草坪能给人带来清新的空气、愉快的心情和丰富的遐想”；“我的祖先是农民，这片绿草坪可以聊寄对以往田园生活的情思”……

从渴望拥有花园但尚未拥有的群体中，欧多夫发现部分人渴望拥有花园但没有条件，部分人有条件却并未修建。

到此为止，欧多夫用的都是“海绵式收集”，广泛快捷地从四个途径吸收到了各种信息，并归纳起来，但不进行任何评价。

“海绵式收集”的方法和途径可以有很多，不仅可以通过与问题有关的方面，还可以从问题的对立面切入，比如欧多夫咨询那些有条件却没有修建花园的人什么原因导致后者对花园不感兴趣，这么做或许能发现更有价值的信息。

二、“淘金式过滤”——从广泛的信息中得出“不一样”的论证

虽然信息都是有意义的，但针对欧多夫本人最有帮助的，却需要用淘金的方式进行筛选，从真实性、可靠性和实用性等方面不断衡量，同时提出与自身问题相关的问题，以发现最有意义的论点或观念。

那么，怎么知道是否在进行“淘金式过滤”呢？最好的方法是自我提问，重新审视思考这些信息。我们对问题进行了规范，通常有如下五项（见图 1－15）。

问题一	·有没有问“为什么别人要我相信他的观点”
问题二	·在想到别人的说法可能有问题时，有没有把它记下来
问题三	·对别人说过的话有没有进行客观评价
问题四	·针对某一特定问题，有没有在别人合理说法的基础上形成自己的结论
问题五	·有没有对自已形成的结论进行进一步判定

图 1－15 “淘金式过滤”自我提问的五项要求

结合到欧多夫的问题上，可以进行如下的自我提问：

1. 拥有花园的人所提出的观点，是现实中客观存在的实际现象吗？

2. 为什么不是全部富人都修建花园，小部分没修建花园的富人是什么原因？

3. 是所有自己修建花园的人都很享受吗？有花园的人家里都有宠物吗？

4. 维护花园需要花费很多时间和精力，定期修剪、施肥，还要防治害虫，真的仅仅是因为喜欢吗？

5. 如果不是因为喜欢，那依然坚持修建花园的人究竟是什么心态呢？

6. 找到一种让人不怎么费力维护的园艺种植模式，会不会让处于喜欢和尚未修建花园的人，重新获得花园带来的美好感觉呢？

7. 花园是不是一定要追求高端，让一些中低收入者望而却步呢？

……

“淘金式过滤”最大的特点就是和所获取的信息互动，不断剔除价值小的信息，整合价值大的信息，在不断地自问自答的过程中逐渐完善自己的结论。

最终，欧多夫得出了自己的结论——花园不再是身份的象征，只是历史的遗留的习惯，让这种习惯重新成为一种欣赏，需要两点保障：其一，时间很宝贵，维护要减少精力，拥有花园的不再只是贵族，更多是中产阶级；其二，花园设计需要大的变革，“结构和形式更重要，其次才是颜色”，植物种类也要创新。于是，欧多夫大量采用野生植物和多年生植物，以减少维护时间，野生花卉也让花园景观有了极大的改变。如今的欧多夫早已蜚声国际园艺界，他独特的设计风格引领了园林设计的新变革，被称为“新浪潮种植风格”。

第二章

确定目标：找到方向，工作就完成了一半

没有目标的工作，经常做到哪儿是哪儿，很难高效完成。高效完成工作必须要有目标做支撑，完成工作就等于实现了目标。因此，想要工作高效顺利进行，确定目标是关键

第一节

锁定目标才能精准打击

一、目标是什么

目标就是方向——前进的方向，执行的方向，实现的方向。

做事情的目的就是为了最终的实现，将想法变为现实。而最终目的的实现不是散点式的（见图2－1），而是聚焦状的（见图2－2）。为了更好、更快、更精确地实现目标，需要预先设定好目标，再根据目标策划执行方案，然后一步一步地实现。

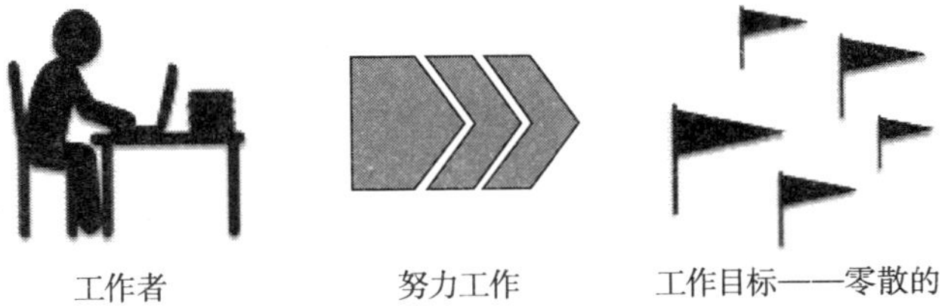

图2－1　散点式目标

由上面两幅图可以看出，目标分散会导致时间、精力、物力的分散，设定的数个目标都难以得到有效资源，也就难以被实现。而目标聚焦就可以集中发力，将所有的时间、精力、物力集中起来，实现精准打击。

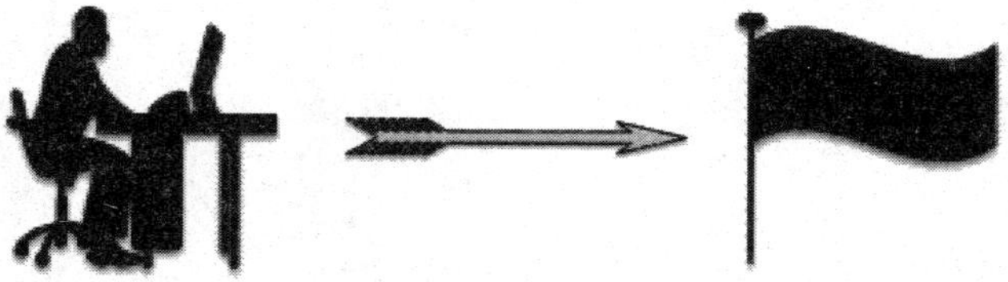

图2－2　聚焦状目标

二、如何锁定目标

（一）目标的可量化性

只要确立了目标，最终就是实现与未能实现的区别，那么，这样的区别应该如何划分呢？

有人认为，这还不容易吗！完成了，就是实现了，未完成，就是没实现。

真的这么容易判断吗？我们来看一个案例：

某公司销售员A接到任务，给三十名客户打电话，明确客户下一季度的产品购买意向。A立即行动，逐一给客户打了电话，然后将有购买意向的客户记录下来，交给了上级。上级问了A如下问题：

“记录的这七个客户确定购买比率能达到多少？”

“他们的购买方向都是什么？”

“那些没有购买意向的客户，是暂时的，还是永久的？都是什么原因呢？”

“客户对我们的产品满意度如何？有什么建议吗？”

连续几个问题，A都无法给予回答。

如果按照工作的字面意思，不能说A没有完成，但按照工作的具体实效，A的确没能更好地完成。

有人会说，这是安排工作的人没有明确目标。看起来这是一个不错的理由，安排工作确实有“任务要具体，目标要明确”的选项，但这不是固定选项，因为有些工作在分配时不可能说得太具体。

其实，高效人士一旦进入工作状态，自行确定目标和安排目标是常规操作。在工作正式开始前，他们会将工作进行量化，以便日后对完成度进行考核。

比如本案例，若A是高效人士，必会预先对目标进行量化，搞清楚客户的购买比率、客户的购买方向、客户不购买的原因、客户对产品的建议等。只有明确了这些，才算合格完成任务，否则就是不合格。

（二）目标的可切割性

当我们为工作设定了目标后，应该以怎样的方式去达成呢?

我们已经知道了目标应是聚焦状的，便于集中一切力量达成。但是，集中的目标不是一定去集中完成。一个大目标会给执行带去三点阻力：

1. 心理的压力增大。一个大目标在前方，压迫感就会迎面袭来，会觉得实现目标难度大，导致信心不足。

2. 行动的切入点难以选定。目标大，就会有许多需要完成的内容，不知道应该先完成哪一个，会出现选择困难。

3. 执行的过程中容易产生疲劳感。一个庞大不容易实现的大目标会消耗人的忍耐力，造成疲劳感，很多人半途而废都是因此导致的。

总结说来，应该这样实现目标：在设定目标的同时，需要将大目标进行切割，成为一个个容易实现的小目标，当我们通过努力逐一实现了小目标后，大目标也就随之实现了（见图2－3）。

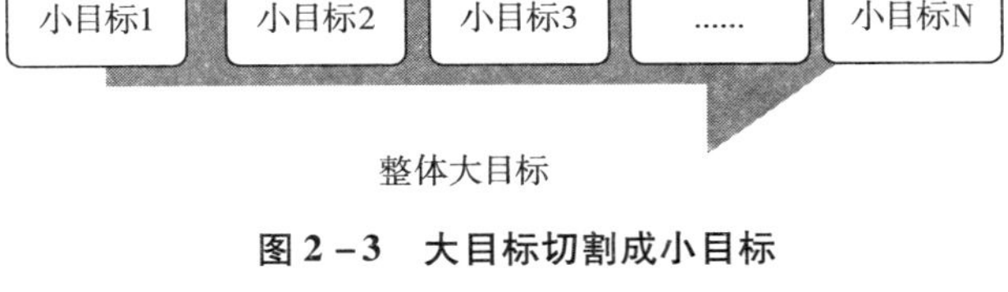

图2－3　大目标切割成小目标

（三）目标的可检验性

如果目标已经在可量化的基础上达成了，能不能说这个目标彻底实现了呢？

答案是否定的。因为，目标在达成以后，也可能会因为某种原因而最终未能真正实现。

就像撰写书稿的工作，没有人敢说只要完稿就算完成了这项工作，后续出版社的三审三校关是必须要过的，书稿要经过反复修改才能最终定稿下印厂，这个过程是对工作的检验。

因此，达成的目标只能叫暂时实现，还要经得住检验，待检验完成后，达成的目标没有被推翻，才算真正实现了。

第二节

目标要具体，能衡量，可达到，找相关，有期限

明确目标是高效工作的法宝，目标越明确，注意力就越集中，更能做到在正确的时间做正确的选择。想让目标明确，就涉及到了对目标的管理。实施目标管理有利于明确高效地工作，也有利于进行科学化、规范化、公平化的目标考核。

目标管理由管理学大师彼得·德鲁克于1954年首次提出。德鲁克警告每一位工作执行者“一定要避免‘执行陷阱’，不能只顾前行，不抬头看路，最终偏离既定目标”。

任何一个人都有过制定目标的经历，但水平差距很大，有些人的目标可以激励自己，有些人的目标成了反面教材。因此，制定目标是一项可以上升到技术层面的事情，保证目标是具体的、能衡量的、可达到的、有相关性的、有期限性的，想要达到这五个目的，需要掌握“SMART原则”。

一、什么是“SMART”原则

所谓“SMART原则”，即S（Specific）、M（Measurable）、A（Attainable）、R（Relevant）、T（Time-bound）五项（见图2-4）。

制定工作目标必须符合上述五个原则，缺一不可。制定目标的过程和

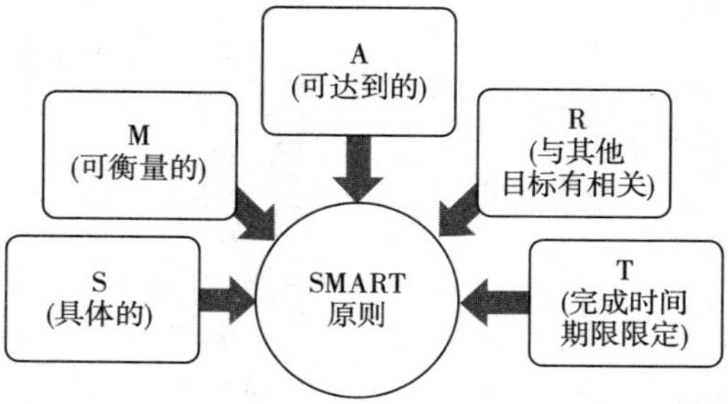

图 2-4 "SMART 原则"图示

实现目标的过程，都是自身能力不断提高的过程。换句话说，任何人想要提高工作效率，其目标计划必须符合"SMART 原则"。

下面我们以具体案例来介绍"SMART 原则"的做法：

（一）S——目标具体明确

用具体详细的语言或记录清楚地表明要达成的工作目标。如果你的工作执行力不强，很可能是因为目标制定不明确，或者未能真正明确每一步的执行目的。要知道，明确地制定目标几乎是所有成功团队的一致特点。

比如，某饮品店的经营者给自己制定的目标是"今年要继续增强用户满意指数"。这种目标的描述就很不明确，因为"继续增强"的说法很笼统，而且提升客户满意指数的方法有很多，具体该怎么做也未能说明。可以换成"去年客户不满意率是2.7%，今年要降到1.5%以下；需要继续提升服务的速度；使用规范礼貌用语；增强对待客户的耐心"。

（二）M——目标可衡量

目标应该是明确的，目标的最终衡量也应该是明确的，因此需要一组明确的数据作为衡量是否达成目标的依据。

我们可以反向思考一下：如果制定的目标无法衡量，也就无法判断这个目标是否能实现。

比如，上级问某团队负责人："这个月的目标距离实现还差多少？"负责人回答："早实现了啊！"可以看出来，上级和下属就团队目标产生了分歧，上级认为团队并未完成目标，但团队的负责人却认为目标已经完成了。导致这种分歧的原因就在于没有给团队制定出一个可以衡量的数据化目标。如果团队的目标是规定好的，必须达到一个确定的数量才算完成，团队负责人就会很精确地回答——或是已经实现，或是还差多少。

如果你认为所有的目标都应该制定具体衡量的标准，这也是不对的，因为并不是所有的目标都可以精确衡量，一些大方向性质的目标就难以定量。

比如，"为所有员工安排一次更高水准的业务培训"，其中的"更高水准"就是一个不容易衡量的概念。到底怎样体现"更高水准"呢？显然在培训上进行直接的规定是不现实的，只能通过与培训相关的指标进行衡量。目标的衡量标准可以定为"在某段时间内完成对老员工关于某个主题的培训，并在培训结束后进行评分，平均分达到 85 分以上视为效果明显，低于 85 分就视为效果不理想"。将培训目标转换为评分标准，目标就可以衡量了。

因此，目标的衡量可以遵循"能量化的量化，不能量化的质化"的原则。

（三）A——目标可达到

在制定目标时有两种心态必须杜绝。

第一种，因为任务紧给自己制定高强度的工作目标。

工作中常有工时紧的时候，这可能是前期工作怠惰淤积导致的，也可能是突现的临时工作，此时最需要制定一份可执行的目标计划。但切记制定不符合现状的超负荷目标，以避免过于疲惫以致产生逆反心理。

第二种，借用领导权势给员工分派高难度的工作。

如果是带领团队，制定目标更应该谨慎，决不能以权压人。如果利用权力强行给下属分派超出其能力范围的任务，很可能会导致其产生抗拒心理和反抗情绪。

因此，在目标设定时，要时刻记住“跳起来够得着”的原则，就是目标要略高于现有执行能力，避免“躺着就能完成”的情况，但还要够得着，不能跳了半天完全没戏。根据个人完成工作和团队执行任务，制定目标需要遵循以下几点原则（见图2－5）。

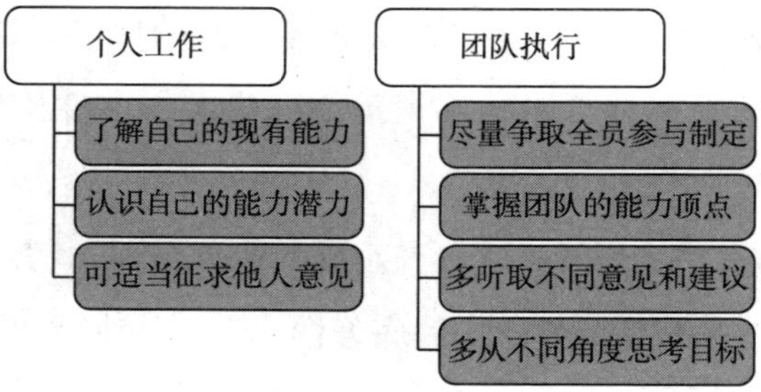

图2－5　制定目标需要遵守的原则

（四）R——当下目标与其他目标有相关性

就是想要实现当下目标必须与其他目标发生的关联情况。比如想要实现A目标，必须要去实现B目标，当B目标实现后，A目标或者自动实现，或者增加了实现的砝码。

A希望到某五星级酒店应聘前台工作，但该酒店除了要求有专业的接待能力外，还必须具备一定的英语基础。可见，学英语这一目标与能否成为该酒店的前台工作人员这一目标直接相关。

但是，如果实现了某个目标，对当下的目标并没有相关，或者相关度很低，那这个目标就没有实现的意义了。毕竟工作目标的设定要和岗位职责相关联，不能跑偏。

仍然是前台人员，学英语可以提升服务水准，学其他语言也会有助益，可如果去学六西格玛就属于跑偏了。

可见，在制定相关联的目标时，一定要考虑到这个目标是否与工作有关联性，如果无法产生关联性，就要果断放弃。

（五）T——目标完成的时间期限

就是设定的目标的完成时间。没有时间限制的目标是没有办法量化和实施考核的，也就无法衡量工作效率的高低。

当然，设定时间限制不能盲目求速度，要根据工作的权重程度、任务的轻重缓急，拟定完成目标项目的时间规划，并且定期检查各项任务的完成进度，及时掌握任务进展的情况，以便发现异常问题，能够及时调整工作计划。

第三节

把大目标切割为小目标

1984年的东京国际马拉松邀请赛，冠军被籍籍无名的日本选手山田本一摘得。人们都好奇他靠什么赢得比赛，山田本一在自传中这样告诉世人："我在每次比赛之前，都要提前骑车把比赛线路仔细查看一遍，并把沿途比较醒目的标志画下来。比如一家医院，一家邮局，一所学校，一幢蓝色的房子……这样一直画到赛程终点。比赛开始后，我就专注于跑到第一个目标，到达后再奔向第二个目标。42.195公里的赛程，被我分解成若干个小目标，我的心理就轻松了很多。"

一、什么是"目标金字塔"

"目标金字塔"就是将大目标划分为小目标，并逐一实现（见图2-6）。在工作进行过程中，应该将一个大目标合理地分解为若干个小目标，落实到具体的每一个"基础目标"上，执行会取得意想不到的效果。

只要实现了每一个基础目标，就等于实现了短期目标；实现了每一个短期目标，就等于实现了中期目标；实现了每一个中期目标，就等于实现了长期目标；实现了每一个长期目标，就等于实现了最终目标。大目标统领小目标，小目标牵制大目标，大目标是实现小目标的动力，而小目标是实现大目标的阶梯。

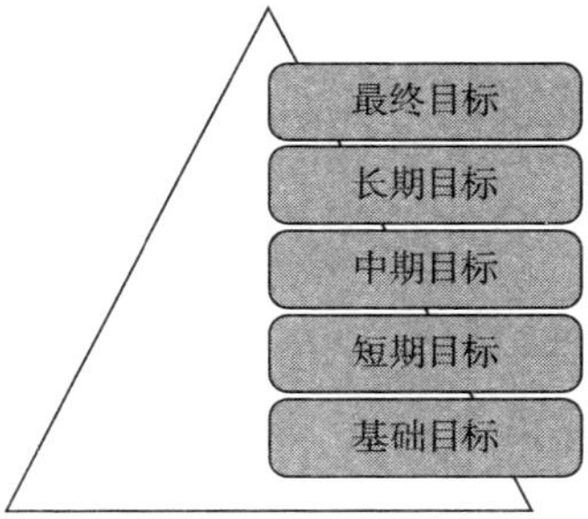

图 2-6　“目标金字塔”

对于大目标的拆分，“目标金字塔”表示得很清楚：越往下层，目标越细碎，数量越多，形成了“金字塔”的底部；越往上层，目标越趋近整体，数量越少，直至聚合成一个终极目标，形成“金字塔”的尖端。

二、在实现目标的过程中，应该怎样做

（一）设定目标实现过程中的“里程碑”

在实现目标的路上设定若干个里程碑，到达一个里程碑就证明实现了一部分目标（见图 2-7）。

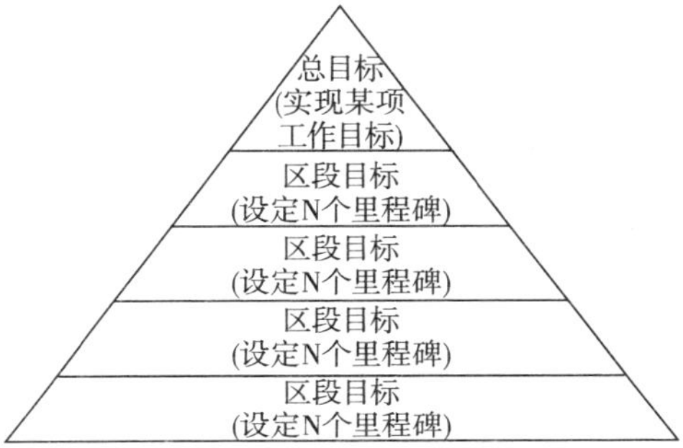

图 2-7　为目标设定“里程碑”

有明确的目标并能够不断将行动与目标加以对照，就能清楚地知道自己已经到达了多少个里程碑，自己与目标之间的距离还有多少。这样努力的动机就会得到维持和加强，就会自觉地克服一切困难，努力实现目标。

1968年的一天，罗伯特·舒乐博士给自己出了一个巨大的难题，他要在加利福尼亚州建造一座水晶大教堂。设计师问舒乐预算是多少，舒乐说："事实上，我一美元都没有，所以对我来说，预算是多少都无所谓。重要的是，这座教堂一定要有足够的吸引力，吸引捐助者的到来。"

教堂的最初预算被定为700万美元。这在旁人看来，无疑是笔巨资。但舒乐却不在意，他想出了一个化整为零的解决方法。

舒乐在一张纸上写下"目标：至少700万美元"，然后在下面写道：

1. 找一笔700万美元的捐款；
2. 找七笔100万美元的捐款；
3. 找十四笔50万美元的捐款；
4. 找二十笔35万美元的捐款；
5. 找一百笔7万美元的捐款；
6. 找七百笔1万美元的捐款；
7. 卖出教堂1万扇窗户的署名权，每扇700美元；
8. 教堂每一块砖石的专属权，价值1~5美元。

在这个神奇方法的作用下，舒乐历时一年筹集到了2000万美元的捐款。这个大教堂成了加州胜景，人们在赞叹教堂的美观时，也不忘赞叹神奇的舒乐博士。

这个方法我也效仿过。当我打算写一本20万字的书时，在确定了书的主题和框架后，便不再考虑写作任务有多么繁重，我想的只是下一章、下一页、下一段怎么写。在整个写作过程中，除了一段一段开始外，我没想过其他方法，结果水到渠成。

因此，不要经常考虑遥远的、艰难的目标，要运用化整为零的方法，努力于一个又一个眼前可以企及的小目标。取得任何成就都不会一蹴而就，只有循序渐进，不断越过每一个里程碑，才会与总目标汇合。

（二）小目标的实现方法

场景：

A 是拖延症患者，做任何事都拖拖拉拉的。他特别讨厌自己的状态，下决心要改正，并且制订了详细的改正计划表。

他的决心很大，要如何做才能让计划不流于形式呢？

将制定的大目标拆分成若干个小目标，然后逐步实现。鉴于 A 的拖延症，执行将非常困难。我给出两点建议：一是根据他自己的情况确定区段目标，二是小目标的实现必须符合实际情况。

1. 小目标的单项突破。

当一个大目标拆分成小目标后，如果忽略总目标，而将每个小目标都当作新的大目标，先实施其中的一个小目标，这样的做法叫作“单项突破”，适用于划分出的区段目标为并列关系（见图 2－8）。

大目标（从拖延症到认真工作）			
小目标1（调整作息时间）	小目标2（专注工作）	小目标3（健身运动）	小目标4（坚持阅读学习）

图 2－8　小目标的“单项突破”

上图中，四个小目标是并列的，可以同时进行的。但是，我们必须注意一个问题，就是同时进行多个小目标，很可能因为疲惫难以坚持。此时可以选择其中某一个小目标，进行突破。当这个小目标有了很大进展后，再进行另一个小目标。一个一个地突破，大目标也就实现了。

2. 小目标实现必须是渐进式的。

除了单独小目标逐个突破的方法外，还可以进行“全体前进，分段进步”的模式（见图2－9）。也就是所有的小目标齐头并进，但要求适当降低，先制定一个可以达到的阶段性目标，当这个阶段性目标达成后，再进入下一阶段性目标。

图2－9　小目标的渐进式实现

A最初的小目标可以是：每天早上7：30起床，每天晚上00：00睡觉；每天至少专注工作一小时；每天两次各两分钟平板支撑；每晚睡前阅读15分钟……当这个阶段的小目标达成后，再进入下一个阶段的小目标：每天早上6：30起床，每天晚上23：00睡觉；每天至少专注工作三个小时；每天两次各五分钟平板支撑；每晚睡前阅读30分钟……以此类推，一个阶段的小目标实现后，再进入下一个阶段的小目标。

第四节

让每个目标都可视化

问：听到的目标与看到的目标，哪个更让人有动力？

先不要急于回答，想一想现实中听与看的区别。通常情况下，当我们听到一件事，会在脑子里补充很多画面，力求将事情还原。如果是看到一件事，就不需要这么做了，因为所有的场景都看到了，只需要得出自己的理解或者做出判断就可以了。

相比较于现实中的事情，制定目标也是如此。如果是听到一个目标，人们会在听到之初感觉到兴奋，但随着时间的推移，这种兴奋逐渐消失殆尽，取而代之的是完成目标过程中的艰难、不易、枯燥和乏味，这些“负能量”会严重影响执行力。

但如果是看到一个目标，尤其是一直能看到目标，心态就会不一样，那种为了完成目标的兴奋感会一直存在，直至目标达成。

一、如何实现目标的可视化

（一）将具体的目标写出来

当大目标被拆分成不同执行单元的小目标后，还要对具体目标进行可视化，以便让自己时刻感受到目标的催动力，努力去执行。

我们以华为的销售部门实现目标的过程为例，看看那里的员工是如何做的。

华为的销售人员，要先找准客户，再充分调查客户信息，然后将项目涉及的客户信息、竞争对手的策略、自己的优势和劣势都写在黑板上，目的是拟定一个详尽的行动方案。

随后，员工可以分头行动，去完成自己的任务。这样一个“目标—步骤—行动”的过程，促使华为员工的执行效率得到提高，企业的销售业绩稳定增长。

由此可见，工作目标的设置不仅要具有可实现性，还要将这种可实现具体写出来，时刻督促自己为之努力。

（二）将工作目标制作成表格

目标可视化的另一个方式就是将待实现的目标制作成表格。表格的制作要符合一定的要求。

第一，表格要有名称、日期，以便日后查阅。

第二，设计要科学，内容要完整，将要完成的工作囊括进去。

第三，主工作计划和派生工作计划之间的相互联系也要在表格中得到一定程度的体现。

第四，书写简明扼要，用词精准严谨，避免用词随便、含糊、前后不一致。

第五，在涉及数据和信息时，要留下日后传输与共享的“接口”。

下面，制作一份员工个人工作计划表，仅供参考（见表2－1）。

表 2－1　工作计划表

<table>
<tr><th>栏目</th><th>序号</th><th>计划内容</th><th>达成标准</th></tr>
<tr><td rowspan="5">关键工作</td><td>1</td><td></td><td></td></tr>
<tr><td>2</td><td></td><td></td></tr>
<tr><td>3</td><td></td><td></td></tr>
<tr><td>4</td><td></td><td></td></tr>
<tr><td>小计</td><td></td><td></td></tr>
<tr><td rowspan="5">重点工作</td><td>1</td><td></td><td></td></tr>
<tr><td>2</td><td></td><td></td></tr>
<tr><td>3</td><td></td><td></td></tr>
<tr><td>4</td><td></td><td></td></tr>
<tr><td>小计</td><td></td><td></td></tr>
<tr><td rowspan="5">基础工作</td><td>1</td><td></td><td></td></tr>
<tr><td>2</td><td></td><td></td></tr>
<tr><td>3</td><td></td><td></td></tr>
<tr><td>4</td><td></td><td></td></tr>
<tr><td>小计</td><td></td><td></td></tr>
<tr><td>合计</td><td colspan="3"></td></tr>
<tr><td rowspan="6">月度额外增加工作</td><td>1</td><td>工作内容</td><td>完成情况</td></tr>
<tr><td>2</td><td></td><td></td></tr>
<tr><td>3</td><td></td><td></td></tr>
<tr><td>4</td><td></td><td></td></tr>
<tr><td>5</td><td></td><td></td></tr>
<tr><td>小计</td><td></td><td></td></tr>
<tr><td colspan="4">月度工作总结</td></tr>
<tr><td colspan="2">本月工作中最大的困难</td><td colspan="2"></td></tr>
<tr><td colspan="2">工作中做的较好的方面</td><td colspan="2"></td></tr>
<tr><td colspan="2">得到哪些经验和教训</td><td colspan="2"></td></tr>
<tr><td colspan="2">下一步工作的改进方向</td><td colspan="2"></td></tr>
<tr><td colspan="2">需要改进的方面及措施</td><td colspan="2"></td></tr>
</table>

第五节

用四个“做”完成每个目标

当接到一项任务时，先思考这件事应该如何去做？是否有必要做？是否要亲自做？是否要立即做？

一、什么是“4D原则”

目标管理中非常有名的“4D原则”：DO IT NOW（立即去做），DELAY（稍后去做），DELEGATE（授权去做），DON'T DO IT（不应去做）。

“4D原则”是一个提高工作效率的有效方法，帮助我们确定哪件事重要而紧急（见图2-10）。

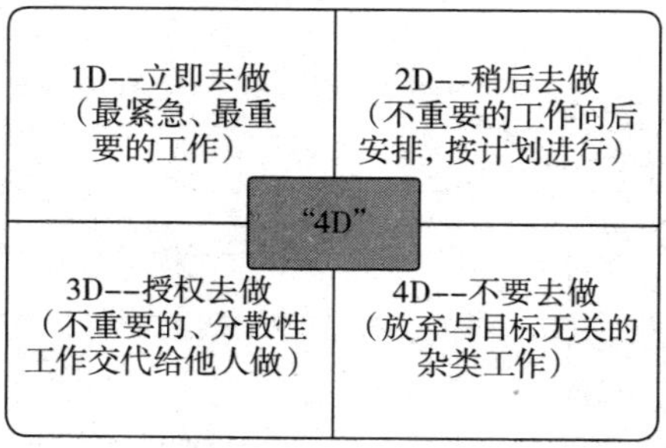

图2-10　“4D原则”图示

1. 立即去做。老板叫你开会，必须立即就去；上司让你交一份总结报告，可以稍后再做，并且做一定的规划。

2. 稍后去做。不那么紧急重要的工作，可以设定具体的时间去完成。比如设定交总结报告的日期，然后根据实际情况去计划步骤，做任务分解。

3. 授权去做。这是很重要的，一个人不能什么事都亲自去做，只有必须自己去做的工作才要亲自做，否则都可以交代给能力所及的人做。比如组织开会，可以让下属去具体筹备；如果去赴会，可以让具体的技术人员去参加。

4. 不要去做。不是所有的面临的事情都要去做，不少事情是根本不需要去做的，做了只能是浪费时间。比如无奈地配合别人煲电话粥。

正因为工作中存在各种不同的状态，所以需要以不同的方式进行应对。在运用“4D 原则”时要遵守若干注意事项：

第一，进行记录。工作也是需要灵感的，有了灵感工作就能进行得顺利，因此随身携带可用于记录的东西很重要。我喜欢随身带一个小本子，标出自己要做的工作的清单，在清单左边用时间轴合理安排一天的工作计划，在旁边留出空白区，以便进行方法调整和时间变更。

第二，要有仪式感。要以“4D 原则”实现工作计划，需要有毅力每日启动计划，然后以最专注的状态投入工作中，按部就班地完成该完成的工作，也要有智慧放弃该放弃的事情。这样经过一段时间后，就能形成工作中的仪式感。

第三，与场合结合。有时候在工作计划表中列出具体时间，但好像仍然不足以督促自己很专注地完成工作，因此不如与场合结合。比如，记录“下午三点要去与客户见面”，这是必须亲自完成的工作。这样记录只是作出时间安排，对于工作的重要程度难以起到提示作用，如果变成这样记录——“下午三点，去×××咖啡厅与××客户见面，这是本市最好的咖啡厅，第一次去，也是第一次见这位客户，要非常重视”，这种记录方式就能提醒自己重视。

二、如何区分什么工作应该怎样做

（一）估价——给目标标出可执行的价码

一件事、一项工作值不值得去做，应事先对其进行估价。通常有三个估价准绳：目标、需要和回报（见图 2－11）。

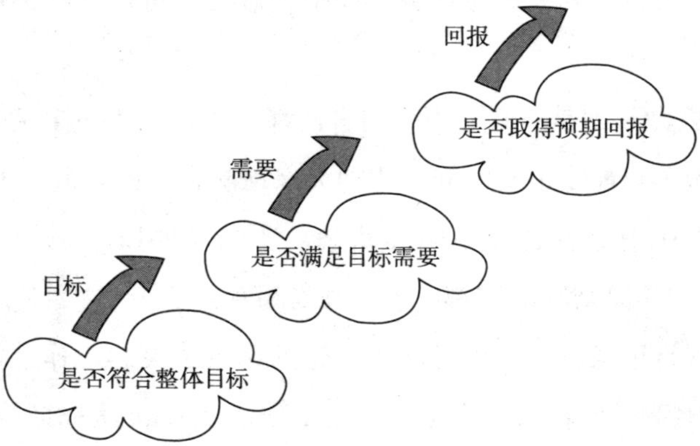

图 2－11　评估工作价值的准绳

评估的主要目的就是评判工作是否符合预期目标。比如，你这个月的目标是拿下 80 万的销售额，并正在积极跟进一名大客户，可上司却临时安排你一项出差任务，这时你就要估价了，权衡一下这两件事哪个对你更重要。

如果两项工作差不多重要，就要考虑如何平衡；如果销售任务重要，就要想办法推掉临时任务；如果临时任务无法推掉，可以考虑寻求他人帮助。

（二）平衡——工作中的“踩跷跷板战术”

工作中难免会面临意外任务，就像上面说的，一项临时的出差任务，或者一项临时跟进任务。这时候如果你发现这两项或者多项任务都很重要，那应该怎么办？推荐一个方法，就是“踩跷跷板”（见图2－12）。

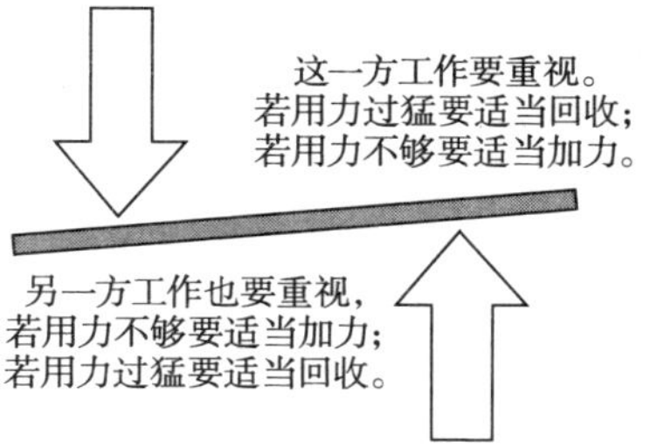

图2－12　工作平衡中的“踩跷跷板”战术

跷跷板的两头是不同的任务，我们不能只偏重其中一方，那样会导致跷跷板失控，未被重视的一方悬在高空随时会坠落下来。

在这种状况下，我们要尽可能地让两方的工作平行推进，努力保持跷跷板在同一水平上。若出现哪边偏沉或上翘的状况，要及时修正工作策略。

（三）去除——选择性做最重要的工作

在工作中维持平衡是不得不做的无奈选择，通常情况下，还是要以去除代替平衡，将精力集中在某一项工作上，保证工作又快又好地完成。

还以上述接到临时出差的工作为例。如果你觉得出差更重要，那你的销售目标很可能完不成，此时就要下调销售额（但不要慢待客户），将工作重点放在出差上。如果你觉得销售目标更重要，那么你可以向上司说明理由，努力将出差的任务推掉，这叫“直接去除”。如果实在无法推掉，可以建议上级将出差计划延后，这叫“暂时去除”，效果以不干扰当下重要工作为宜。如果这也无法成行，就要想其他办法，可否与同事商量一下，请人代替你出差呢？这叫“间接去除”。但想要实施“间接去除”，需要与上司进行沟通，得到认可后方可施行。

（四）委派——既锻炼他人，又解放自己

如果你是具有一定管理权限的管理者，就可以将一些工作向下委派，也就是授权。授权有两方面的好处，一方面是解放自己，另一方面是培养他人，可以说是双赢。

但是，授权必须要遵守一定原则，有一些工作不能进行委派：

1. 人事工作或机密工作。通常这类工作涉及公司的管理核心和生存命脉。

2. 爆发的危机问题。危机处理关乎公司的未来，绝不可小觑。

3. 下属的培养问题。这不仅是工作，还是情感的联系，下属需要准确知道管理者对自己的认可程度，这就需要管理者亲力亲为。

4. 上级公司领导分配下来的工作。这类工作没有固定的标准，但通常都是相当重要的工作，需要重视。

在委派工作的时候，沟通是非常重要的，必须向委派对象说明工作的相关情况，切勿因沟通不到位耽误工作效率：

1. 说明想要得到的结果，让委派对象知道要把工作做到什么标准。

2. 让委派对象知道需要在什么期限内完成工作。

3. 如果要运用特定的方法完成工作，一开始就要向委派对象说明清楚。

第六节

给目标制定一个可衡量的“关键结果”

我们之所以要为工作制定目标，是因为想要得到某种我们期望的结果，而想要得到这样的结果，需要一定的目标为导向和一定的方法为依托，才能最快最好地实现结果。

这是目标之于结果的作用。那么反过来呢？

为什么很多人制定了目标，却没能坚持实现？其中的原因值得深思。这也说明，不是制定了目标，目标就能够实现的，还需要对目标进行一定的效果加持。这其中最终的方法就是将结果拿过来，让其反作用于目标。

这种反作用的核心就是给目标一个可衡量的“关键结果”。为了更好地理解这种反作用，我们需要明白一个概念——OKR 工作法。

克里斯蒂娜·沃特克是领英的资深产品经理，曾任雅虎设计总监，是信息架构和产品设计的专家。为了将自己的工作经验普惠于世，她著述《OKR 工作法》一书，该书集中讲述了一种风靡硅谷科技企业的全新工作模式。

所谓“OKR 工作法”，“O”是 Objectives，“KR”是 Key Results，OKR 综合起来就是“目标与关键结果法”。

“OKR 工作法”是一种战略目标任务体系，是一套明确目标并跟踪完成情况的管理工具和方法。“OKR 工作法”由一个需要聚焦的明确目标和量化该目标的数个关键结果，共两大主要部分组成（见图2－13）。

比如，你的目标是“运营一款线上游戏”，那么关键结果可以是“一天的下载量”；你的目标是“电商销售”，那么“一天的成交量”或“一年的营业额”就是你的关键结果。

图2－13　“OKR 工作法”图示

在设定 OKR 之前，先明确你的或企业的使命。要简洁、好记，像纲领一样具有指导性，以提醒你不要把时间消耗在无用的事情上。目标的实现需要有时间限制，确定的截止日期有助于目标的精准实现率。而且目标应该由独立的团队或个人来实现。

从 OKR 的层级上，应自上而下设定。先设定高一层级（公司）的 OKR，然后往下低一层级（部门）的 OKR，最后是最低层级（个人）的 OKR。这一点基本都运用在企业范围内，以保证由上而下的目标一致性和执行的明确性。

无论是针对企业还是针对个人，目标必须是专注性、挑战性和公开性，以便剔除重复，整合资源，保证随时随地全力以赴。通常情况，企业环境比个人更有必要强调这三点，因为团队配合实现目标总是比一个人更困难。

当目标设定好之后，要针对目标设置3～4个能衡量目标是否实现的关键结果。关键结果要符合客观情况，不能想当然。

在设定好关键结果后，给每个关键结果设定一个初始信心指数（即预估完成这一关键结果的概率为多少，初始值一般建议为50%，上下浮动不超过5%），并在之后的OKR运行中跟踪这一数字。如果浮动超过5%，说明信心指数偏离，要么是信心趋向爆棚，要么是信心开始低迷，这都会对目标的实现起到负面作用。

了解基础概念后，我们用思维导图的形式来梳理“OKR工作法”的设定（见图2－14）。

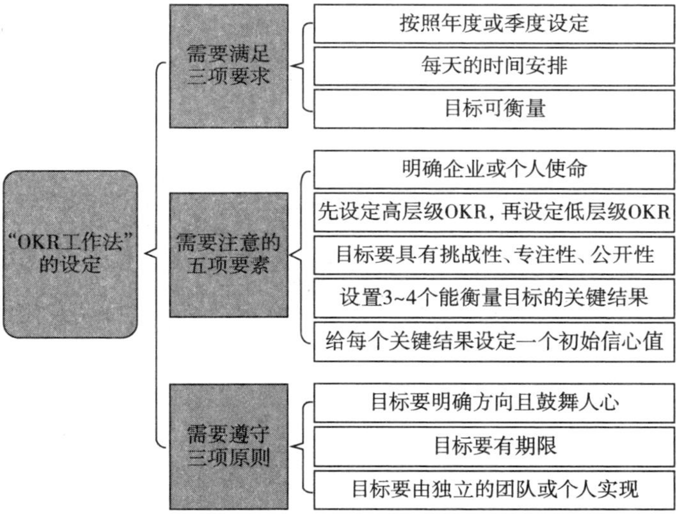

图2－14　“OKR工作法”设定的思维导图

第七节__________

目标要跟着PDCA绕一圈

一、什么是“PDCA循环”

“PDCA循环”由美国管理专家爱德华兹·戴明博士首先提出，所以又称“戴明环”。所谓“PDCA”，是英语单词Plan（计划）、Do（执行）、Check（检查）和Action（纠正）的首字母组合，“PDCA循环”就是按照这样的顺序进行管理，并且循环不止地进行下去的科学程序（见图2－15）。

P（计划），包括目前工作生活的目标的确定，以及活动规划的制定。

D（执行），根据已知的信息和已有的资源，设计具体实施的流程布局，再根据流程布局，进行具体运作，实现计划中的内容。

C（检查），总结执行计划的效果，分清哪些对了，哪些错了，明确利害关系，找出问题。

A（纠正），对总结的结果进行处理，对成功的经验加以肯定，并予以标准化；对于失败的教训也要总结，引起重视。对于没有解决的问题，应提交给下一个“PDCA循环”中去解决。

以上四个过程不是运行一次就结束，而是周而复始地进行，一个循环

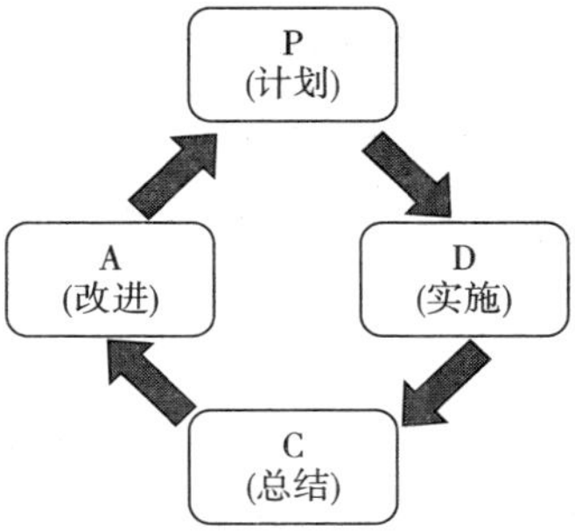

图 2－15 “PDCA 循环”图示

完了，解决一些问题，未解决的问题进入下一个循环，这样阶梯式上升。也就是说，PDCA 循环法是一个大环套小环，不断发现问题、解决问题、提升解决问题能力的科学程序。

二、“PDCA 循环法”的工作方式

“PDCA 循环法”的工作方式分为四个阶段，即计划阶段、执行阶段、检查阶段、改进阶段（见图 2－16）。

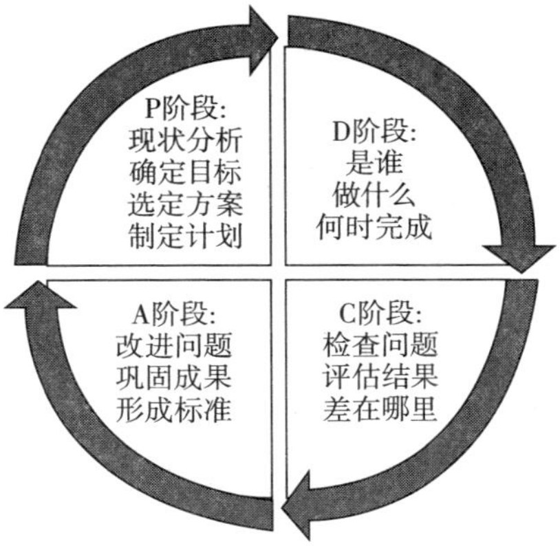

图 2－16 以“PDCA 循环法”工作的四个阶段

（一）“P 阶段”——计划阶段

此阶段根据实际工作的要求，为保质保量完成工作建立必要的目标和过程，包括分析现状、确定目标、选定方案、制定计划。

1. 分析现状。

分析现状的目的是为了发现问题，这是分析问题和解决问题的第一步。必须对现状有精确的把握和发现问题的能力。《恋爱假期》的男主角格雷汉姆是出版公司的一名编辑，丧妻之后生活状态混乱，需要独自照顾两个女儿，工作量几乎为零。格雷汉姆感觉很疲劳，精神也萎靡不振，经常泡酒馆，喝得烂醉。

2. 确定目标。

把导致问题产生的原因统统找出来，然后根据这些问题确定一个适合自己的目标。格雷汉姆的生活混乱的原因是他没有做好独自面对生活的准备（问题的原因）。他需要将自己的生活重新安排，让工作、家庭更好地结合起来，而不是将两者搅在一起，互相干扰。

3. 选定方案。

我们往往会为解决某个问题而罗列出若干种方案，但现实中不可能把所有想到的方案都进行实施，所以在各种方案中必须确定最佳的方案。格雷汉姆认为必须要继续这份工作，还要努力学会照顾女儿的各种技能，即“当好优秀员工 + 单亲奶爸”是最好的方案。如果再能找到一位聊得来的、愿意和他共同生活的爱人，就更好了。

4. 制订计划。

有了好的方案，其中的细节也不能忽视，需要将方案具体化，逐一制定对策。格雷汉姆的计划是：早起一小时，为女儿准备早餐，送女儿去学校。工作时努力不走神，每天工作量要增加 20%，下班回家要陪伴女儿，女儿睡着后再校对白天的稿子。不再去酒馆，看“英超”的次数降低为每周一场。周末要带女儿去祖父母或外祖父母家，也可以去郊游，每年长假要长途旅行一次等。

（二）“D 阶段”——执行阶段

按照上一阶段的计划，实施所规定的内容，努力实现预期目标。这一阶段除了按计划实施外，还要不断督促自己，确保能够按计划实施。但总会有难以完成任务的情况，比如生病、发生意外或是意志力不坚定等，此时应该如何挽救呢？

如果只是因为某个小意外导致落下少量工作，当天必须补上。如果因为某些大的原因导致落下大量工作，短时间弥补不上，需要做出一个补救计划，将落下的任务进行分配，每天补多少，多少天补完。

（三）“C 阶段”——检查阶段

在计划执行过程之中或之后，检查执行情况。方案是否有效，目标是否完成，需要进行效果检查后才能得出结论。把完成情况同目标进行比较，看是否达到了预定的目标。如果没有达到目标，应该确认是否严格按照计划实施。如果确认严格按照计划实施，意味着计划失败，需要重新进行最佳方案和执行计划的确定；如果确认没严格按照计划实施，说明自我约束能力不足，必须在以后的执行阶段加强力度，同时要做出补救计划将这一阶段落下的工作补上。

格雷汉姆在计划实施半年后，进行总结检查。发现在学习照顾女儿的技能方面达到了目标，该学的都学会了，只不过尚需熟练。但在工作方面没有达到目标，原因是他没能约束住自己，其间去了三次酒馆，有几晚因为看比赛耽误了校对。

（四）“A 阶段”——改进阶段

根据检查的结果，采取相应的改进措施。巩固成绩，把成功的经验进行习惯化，把遗留问题转入下一个 PDCA 循环去解决。该阶段就是解决问题、总结经验和吸取教训的阶段。

首先，习惯化，固定成绩。对已被证明的有效工作方式，要让其习惯化，制定为工作状态的标准，以坚持执行。习惯化是维持理想现状不下滑，积累、沉淀经验的最好方法，也是工作能力不断提升的基础。

其次，处理遗留问题。所有问题不可能在一个 PDCA 循环中全部解决，遗留的问题会自动转进下一个 PDCA 循环，如此，周而复始，螺旋上升。

最后，将逐渐形成的好的工作习惯形成标准，便于日后调用。这个标准是逐渐改进的，也就是自己的经验系统和知识结构在逐步更新。

第 三 章

正确决策：在复杂环境中做出有效选择

决策不只是管理者的专利，日常工作中，每个人都需要决策。特别在一些复杂的工作环境中，每个个体都会涉及决策。此时能否做出正确抉择，决定了未来工作的效率

第一节

你的决策性质决定你的工作结果

一、决策与工作结果的关系

我们都知道“选择错了，努力就不会对”的道理，做决策也是一样。如果决策做对了，接下来的工作将会愈发顺利，而且成效显著；如果决策做错了，即便再怎么努力，也不能弥补在根本上的错误（见图3－1、图3－2）。

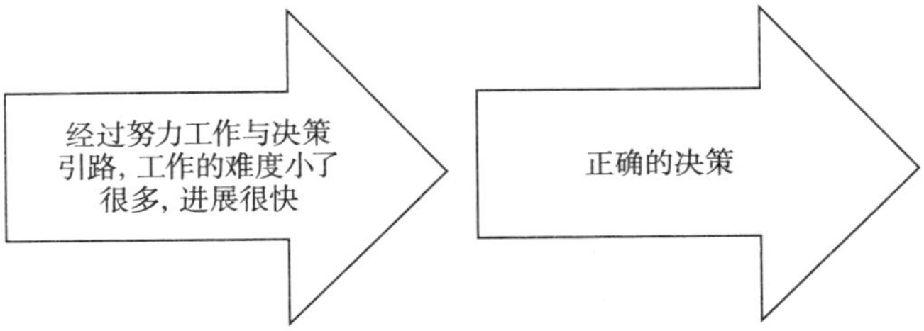

图3－1　决策与工作结果的关系（决策正确）

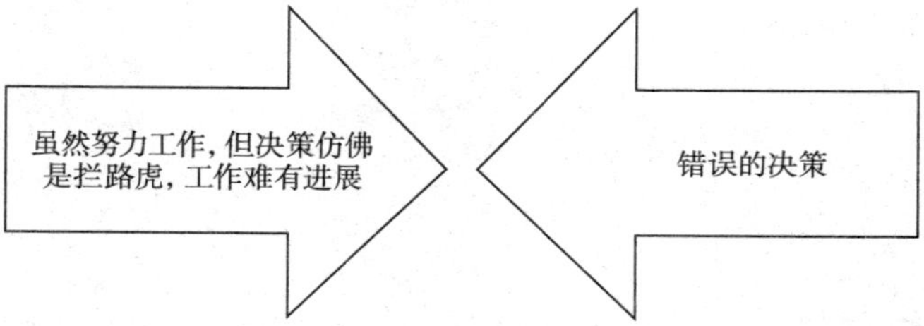

图 3－2　决策与工作结果的关系（决策错误）

二、做决策需遵循的七个原则

正所谓“要想工作快，全凭决策带”。下面，通过图示简单介绍做决策必须遵循的七个原则（见图 3－3）。

信息原则	信息是决策的基础，信息要准确、完整、及时
可行性原则	决策要符合客观条件和遵守现实规律
科学原则	体现决策的科学性，保证决策的正确和目标的实现
效益原则	选出的方案要有明显的效益收益，代价小，效果大
外脑原则	重视外部顾问、参谋、智囊团的集体智慧优势
行动原则	不行动，决策无价值可言
跟踪原则	决策实施后需要跟踪反馈，及时作出调整

图 3－3　正确决策需要遵守的七个原则

三、做决策需要的辅助步骤

管理学家彼得·德鲁克于 1967 年发表了《有效决策》，为管理者提供了一个框架，希望以此来辅助他们做出有效的决策。

第一步：识别问题的类型。

问题属于哪种类型呢？有些是真正的普遍事件，这类问题在工作中经常发生。有些对个体来说是独特的，但在更大范围里是普遍的，比如一起并购，你是第一次接触，但别人可能操作了很多次。有些则是真正的特殊事件，就是谁也没有经历过的问题。

大多数问题都属于普遍问题，都可以按照一定的标准和原则进行处理。只有真正的独特问题才需要单独处理，特事特办。对问题进行类型鉴别，可提高决策的速度与质量。

第二步：对问题进行定义。

描述所面临的问题——“这是关于什么的问题”。描述时，应当反复检查所有可观察到的事实，问一问这样的定义能否对问题进行全面揭示。

如果你以为发生交通事故只是驾驶员技术的原因，就是没能做到对问题真正定义。你要看到所有与交通事故有关的方面——驾驶员、路况、天气、车辆设计等。

第三步：确定边际条件。

要清楚地表达决策要达成的目标。比如，要达到的目标是什么，最低目标是什么，必须满足什么条件。这些就是边际条件。满足了边际条件，决策才有效。

第四步：判断哪些是“正确”决策。

如果一开始就考虑“什么样的决策才会被认可”，这样对做决策的人毫无益处。因为这样的思考会让决策者丢掉重点，不再关注问题，也就无法做出有效决策。因此，做决策时要从思考最佳决策出发，判断出目前来说正确的决策，然后再采取折中的办法，到最后反而能被认可。

第五步：将实施行动考虑在内。

将决策转化为行动至少需要明确以下几个问题：

1. 哪些人必须知道这一决策？

2. 应当采取什么行动?

3. 由谁去执行?能否胜任?

4. 这些行动应当如何进行，才能让执行者完成?

如果执行已经开始，在有必要的情况下，必须调整对执行者的考核方法、任务完成的衡量标准以及奖励机制。

第六步：对照实施情况检验决策的正确性和有效性。

也就是要通过对信息的监督和报告进行及时反馈，以便根据实际的进展情况检查决策蕴涵的预期是否仍然合理。但信息总是抽象的，并不能完全准确地反映具体现实，所以还需要增加实地考察和调查了解。

第二节

决策前一定要避开的心理陷阱

在工作的每个阶段都会遭遇心理陷阱，我们为什么要在决策这一章提出来呢？原因就是决策是工作的前提，决策对于工作的指导性非常强，可谓决策正确，工作就正确；决策错误，工作也一定错误。

现在，就对一些经常容易出现的心理陷阱进行重点阐述：

一、先入为主心理

这是最容易陷进去的一口“井”，因为人们总是愿意相信第一个想法，这不是迷信第一印象，而是对问题缺乏判断力，对其他选择缺乏信心。

比如，A 从事销售工作，在接待 B 和 C 两位客户时，B 客户给他的印象很好，他认为对方是一个“毛病”没那么多的人，于是决定将“攻坚重点”放在 B 身上。最后，他不但没拿下 B，还将 C 拱手让给了同事 D。后来在 D 的口中得知，客户 C 其实很好接触，只是看起来有些冷冰冰的。

二、证实性心理

心理学上有一个概念叫“选择性接受”，就是对外界的信息只看自己想要看的，听自己想要听的，然后就是想自己想要想的，最后就是信自己想要信的。这是一个非常完整的流程，但最终却是耽误了自己的认知。

比如，有位老板认为现在买厂房不如租厂房合适，还看了很多相关的信息，综合之后认为大部分私营企业主都倾向于租厂房。他还重点看了买厂房后因为流动资金不足而导致经营困难的报道。但三年之后，厂房租金就翻番了，原本的利润空间被挤压得所剩无几，导致企业在价格上失去了竞争力。

三、框架心理

预先在内心架构起一个框架，然后在这个框架内进行提问（或自我提问，或向他人提问），于是得到了“自己想要的答案”。

比如，某图书公司老板准备向图解书领域进军，但心里没有底，就问员工：“做图解书应该有市场吧？”员工们答“肯定有啊！”，老板又问：“图解书的受众群体有哪些？”员工们七嘴八舌地回答：“有……”。于是，老板得到了想要的答案，“图解书是有市场的，受众群体也是存在的”。但这并不能保证做图解书就一定能成功。

四、记忆心理

人们对那些给自己造成深深伤害的事件，总是难以忘记，每当发生与其相关联的事情时，就会调动起大脑的记忆神经。

比如，一家塑钢门窗安装厂曾经发生过员工从高处坠落事故，老板因此赔偿了二十多万，这对于一家小规模厂商打击不小。于是，在日后工作时，老板规定凡是距离地面三米以上，要采用多重保护措施，如果场地不允许保护措施架设，就放弃合作。这样过度保护规定实施后，安装厂的效益急转直下，工人不仅工作进度慢，工厂接到的合作合同也少了很多。

五、谨慎心理

人们对于自己在乎的事情，总是给予格外的关注，甚至有些时候会有夸张，就像过于夸大概率和统计结果那样。

比如，某设计人员正在对决定采用A方案还是B方案而发愁，A方案是他心仪的，其中有很多他的独创性，但A方案面临的失败概率达到了32%。而B方案的失败概率只有20%，但这个方案中没有他的独创。他很谨慎地测算着失败概率，也回想如果在正式实施后，失败概率增大怎么办？如果不可控了怎么办？最终他妥协了，选择了B方案。

六、保持现状心理

“心理舒适区”是我们都不愿意离开的“温柔堡垒”，因为待在这里面我们会感到舒适。其实，这是一种消极心理作祟。很多企业或个人在风云激荡之中渐渐失去了位置，就是因为没能在风和日丽的时候主动求变，而是在风云突变的时候被动改变。那时却发现无力经历风雨了。

七、过于自信心理

这种心理陷阱，一句话就可以概括“对自己太过确信，忽视相关的信息”。认为自己能力无限，什么条件下都能够自由驰骋，以致任何人的话都听不进去，做出一厢情愿的错误决策。

第三节

运用“PrOACT 框架”做出明智选择

一、什么是“PrOACT 框架”

所谓“PrOACT 框架”是由五个要素组成的做决策的方法，是一种直接简明和经过证实的决策方法。由问题（Problem）、目标（Objectives）、备选方案（Alternatives）、结果（Cornsequences）和取舍（Tradeoffs）组成，几乎适用于任何决策。

该框架并不会告诉你要为什么样的事情做决策，而是向你介绍怎样做决策。其中，最佳的决策方法是主动作为，最糟糕的方法是消极等待。

二、“PrOACT 框架”中主动作为的八个要素

首先是五个常规要素，问题（Problem）、目标（Objectives）、备选方案（Alternatives）、结果（Cornsequences）、取舍（Tradeoffs），有助于更贴近问题，让决策更符合现实。

另外是三个特殊要素，不确定性（Uncertainty）、风险承受力（Risk tolerance）和相关联的决策（Linked decisions），有助于在变化的环境中使

决策清晰可辨。

为解决一个复杂的决策问题，从问题中分离出这些要素，逐个进行系统思考，并且把注意力集中在对这一特定局面最为关键的要素上（见图3-4）。

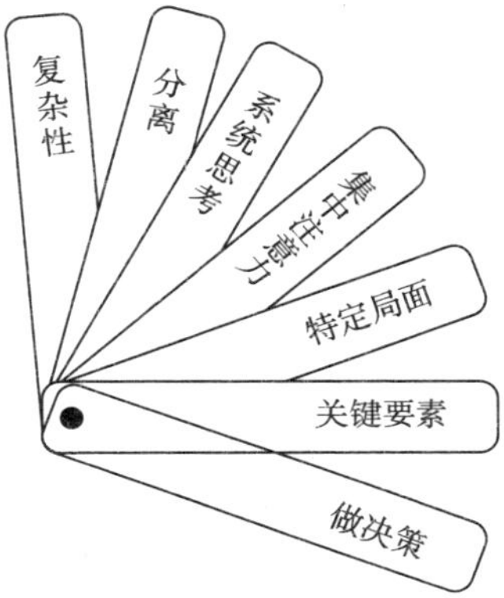

图3-4 “PrOACT法”的逐个击破

（一）问题（Problem）：什么是必须要做出的决策

比如，我是应该参加健身俱乐部，还是购买一些家用健身设备自行锻炼呢？是决定设立信息系统部门，还是将这一部门的职能外包？是聘请“空降兵”来管理信息系统部门，还是在公司内部挖潜？

如上所述都需要我们做出决策，因此从一开始就确定决策的框架非常重要。为了正确选择，需要仔细辨明应该决策的问题，认清它们的复杂程度。

（二）目标（Objectives）：决策应该带你到达的目的地

现在，你的团队需要招募一名新人。那么，你需要的是一位训练有素的团员，还是一位思想活跃、视野开阔的达人？这取决于你期望TA能给你带来怎样的达成目标，也就是你要TA给你带来的是新鲜的观点还是丰富的经验？

决策就是通向目的地的一条途径。问问你自己，你最想得到的东西是什么，你的兴趣、价值观是什么？你担忧的、恐惧的和向往的又是什么？哪些与实现目标最为相关，再仔细考虑你的目标，会使你更加明确决策的方向。

（三）备选方案（Alternatives）：代表了你能选择的不同行动

如果你是公司老板，在做出一项决策时，你是否考虑过其他的备选方案，或者至少广泛地考虑过那些有创意的和合你心意的方案呢？

这一点非常重要，因为没办法确保决策方案是最佳方案，所以选择时需要博采众长，在执行中也要留有转换的余地。

（四）结果（Cornsequences）：你应该正确理解决策的结果

放下一份干了10年的工作，自己去创业是很有诱惑力的，但对你自己的人生有什么影响？创业的风险能否承受得了？对你的家庭的未来又有什么影响？

你想要做出的决策方案，能在多大程度上满足你实现目标的需要？很显然，一些决策方案会令人迷惑，但它们背后也是令人警醒或者兴奋的结果。因此，坦率地评估每一种方案的结果，有助于找到那些与我们的目标最相符的方案。

（五）取舍（Tradeoffs）：你需要在利弊之间做出选择

如果你是一位自由撰稿人，当下的工作很紧急，但你与多年未见老友的相聚也很重要。因此，你可能决定暂时放下工作去赴约，但会因此面临工作无法完成，会减少经济收入，更重要的是影响你在业界的声誉。

由于目标往往相互矛盾，你得在它们之间求取平衡，其实绝大多数是进行取舍。因为在最困难的决定面前，不存在最优化的方案，更没有两者兼得的方案，你要做的是在并不完美的各种方案中做出聪明的选择。

（六）不确定性（Uncertainty）：未来会发生什么，可能性有多大

当你决定为研发一项技术而投入大量业余时间时，你必须评估许多不确定性。这项技术最终能否成功？预计的时间够用吗？超过了怎么办？需要多少资金？会不会耽误工作？

正是这些不确定性使选择变得困难，但有效的决策需要你正视所有的不确定性，判断不同结果的可能性，并评估可能的影响。

（七）风险承受力（Risk tolerance）：认真考虑你的风险承受力

你的研发没有成功，还耽误了在工作上的进步，面临被降级的风险。

你辞掉了这份10年的工作，但创业的路上却走得很艰辛。

决策一定会涉及不确定性，因此，决策的结果往往与我们的预期不一致，这就是风险。但每个人对风险的承受能力不同，而且由于每次决策涉及的得失不同，人们每次做决定时能接受的风险也会不同。所以，要清醒地考虑自己的风险承受力，能使你的决策过程更加顺利、更有效率，最终做出风险程度适合的选择。

（八）相关联的决策（Linked decisions）：考虑相关联的决策

你是公司老板，决定提前扩大公司规模，以应对将来有可能的行业发展暴发期。这种决策就是相关联的决策。

记住，今天的决策会影响明天的选择，而明天的目标应该对今天的选择产生影响。许多重要的决定在时间上是相关联的，关键在于分离出并解决那些眼前的问题，同时搜集必要的信息来解决那些将要发生的问题。

总之，虽然总是充满种种不确定性，但不管怎样，通过对当下问题的认真分析，和将要采取的行动排序，再充分利用逐步深化的认识，你可以竭尽所能做出精明的决策。

第四节

真正的好决策往往来自“民主”

做决策有两种状态，一种是“一言堂”，一个人进行思考，一个人做出决策，然后一堆人服从。这种决策就是非民主的，通常出现在公司内部，由职位高低引发，职位高者拥有话语权，职位低者只能听命令。很显然，这种“专政式”的决策不利于企业发展，毕竟一个人的智慧是有限的，一个人的思考也会是片面的。

另一种状态是“群言堂”，让与决策有关的人员都参与进来，而非职位高者一人独断。即便无法让所有人都参加，也要征求尽可能多的人的意见，这不仅是“民主”的体现，更是做出好决策的必要条件。

一、团队内部达成目标共识

传统企业中，决策的制定通常来自于企业管理者一人。管理者有了想法，并希望想法获得实现，就将这个想法设定成为目标，下属只需要想办法将管理者的决策变为实际就可以了。好一点的情况，也是管理者就想法同企业的高层进行商讨，获得通过后，将决策下发。

但如今，企业的组织越来越趋向“扁平化”，企业的管理层级少了，企业高层和基层员工之间的阻隔已经不再遥远了，所以在制定决策时，一些理念先进的企业管理者，不仅希望得到高层的认可，也希望得到中层和基层的认可。

相对于庞大的企业，团队（企业各部门型团队或单独的创业型团队）的决策制定更不能“一言堂”，而要与团队成员达成共识。也就是说，应该将团队的决策和努力方向向团队成员公告，并且取得共识，而不是简单地把决策和方向强加于成员。

如果团队成员就决策未能达成共识，就需要坐下来进行商讨和说服，而不是强行命令，否则大家内心不舒服，各想各的，各干各的，团队凝聚力就会下降，执行力也会下降。若是说服不起作用，很可能是决策制定出现了不妥当之处，需要修正，修正的过程也需要成员共同参与，并达成共识。

二、通过“自由发挥”来调整决策

很多时候，制定的决策并非是最正确的，所以在制定完毕后或者在执行的过程中还需要进行调整。有一种方法很适合调整决策，就是通过“自由发挥”。

最经典的例子是“谷歌的20%时间”。在工作之外，员工有20%的自由时间，可以去想出各种各样的点子，并验证它们——这一度是谷歌引以为豪的工作模式。正因为这种自由度，让谷歌的每一次决策都能最大限度的得到纠正，Gmail就是在不断地修正中最后成为划时代的产品。

与谷歌类似还有汤森路透，其内部有一笔基金，叫作“催化基金”，供小团队实施他们的“点子”。这笔基金如何使用呢？当团队有了一项决策后，根据该决策，团队每人需要填一份表格，写清楚对这个决策的想法和建议，并对建议的构思、市场和价值详细描述，如果通过了“创新委员会”审核，就可以拿到一笔投资，用来实践尝试。

如果不是企业或团队，而是个人决策呢？也可以用到“民主决策”，需要借助他人的力量，充分听取他人的意见，然后客观地思考，让决策趋近完美。

第五节

优质决策是让“了解”先于“决定”

一、决策的流程

这个世界上从未有过最好的决策方式，但却有着有效决策的既定规则，只要遵循规则，制定出的决策一定是优质的。

其实就是决策的两步流程——先了解，后决定。任何情况下，了解必须先于决定。

大脑能够储存不同类型的知识，但知识的获取和存储需要建立在了解的真实性和丰富性上。这就需要在了解的过程中需要保持头脑开放，也可以向可信的人请教，才能避免做出糟糕的决定。因此，在提出疑问和探寻事实真相之前，必须防备一个陷阱——看到一个选择就立即定下来。不管这个选择看起来多么好，你都要自问：我现在了解相关情况吗？我已经掌握了决策所需的所有知识了吗？做这个决定能给直接结果和后续结果带来什么影响？

经过一段练习后，你会自然地、习惯地、心态开放地搜集所有与做决策相关的知识和信息，这就是“先了解，后决定”。对冲基金领域的高手雷·达利欧曾说：“综合分析的质量将决定你的决策质量。”

二、如何进行综合分析

（一）综合分析当下形势

为了决策更高效，需要分清哪些点重要，哪些点不重要。所关注的点不分大小，对决策有用的，小也重要，对决策没用的，大也不重要。因此，需要有更宏观的视角，才能对信息进行更准确的判断（见图3－5）。

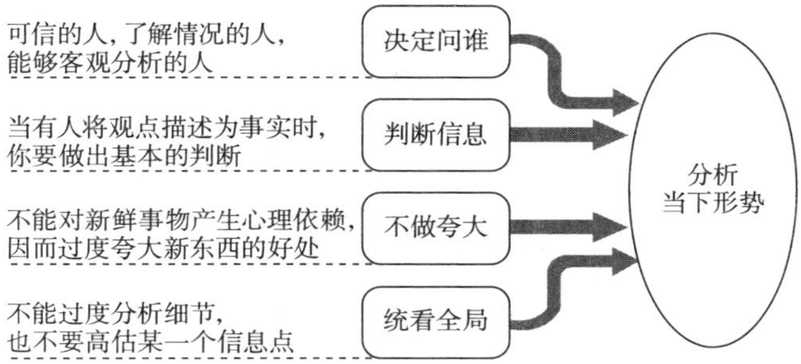

图3－5　分析当下形势的要素

（二）综合分析变化中的形势

事情总是变化着的，所以必须搜集、分析和识别不同类型的信息。但这种综合分析变化形势的能力也不是天生的，可以通过练习来提高。需要遵守以下原则：

1. 不必过于精确。对形势的分析只要“差不多”就可以了，没有办法精确预估。这不是我们能力不够，而是受现实所限。

2. 牢记“80/20法则”。重要的信息往往从获取的“20%”中发现，也就是从20%的信息中得到80%的价值。

3. 不要做完美主义者。花太多时间关注边缘性的微小因素，不仅浪费时间，还会影响对重大因素的考虑。记住，做出一个决定通常只有5～10个需要考虑的重要因素。

（三）综合分析考虑各个层次

如果认真思考，就会发现现实可以分为不同层次，每一层次都能带给你不同的但有价值的视角。我们需要懂得从不同层次看事物，并在各个层次之间转换。比如，你也许每天都在两个层次之间转换，一个是你的价值观，另一个是你为实现价值观做的事（见图3－6）。

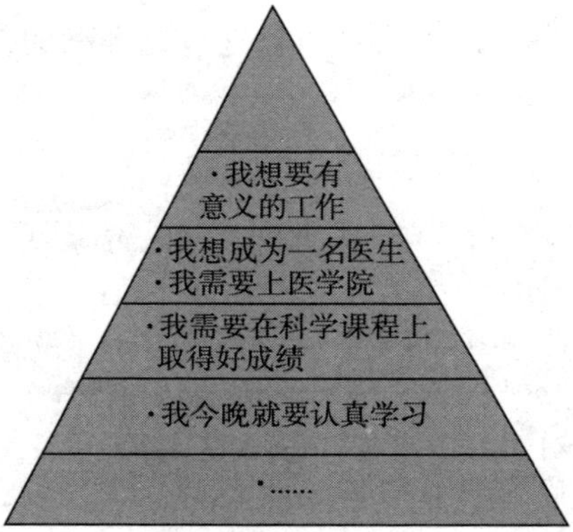

图3－6　不同层次间的转换

必须记住，任何问题都存在很多层次，而决策需要在合理的层次做出，可以有意识地在不同层次之间转换，但也应在各层次之间保持一致。

第六节

厉害的决策者都会在“决策树”下乘凉

做决策可以利用“决策树”的方法。所谓“决策树”是类似树状的分层级的决策，由“节点”和“边”两种元素组成的结构。理解决策树，就需要理解几个关键词：根节点、父节点、子节点和叶节点（见图3－7）。

先来看看父节点和子节点，两者是相对的。子节点由父节点根据设定的规则分裂而来，然后子节点作为新的父节点继续分裂，直至规则终结，不能分裂为止。

根节点是初始分裂节点，向上再也没有父节点的节点。

叶节点是最末端的节点，向下再也没有子节点的节点。

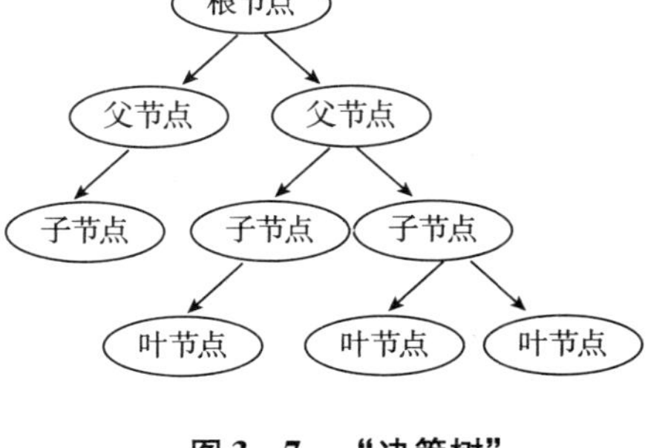

图3－7 “决策树”

决策树利用图3－7所示的树状结构进行决策。每一个父节点和子节点都是一个判断条件，每一个叶节点则是结论。具体的做法就是从根节点开始，经过多次判断得出结论。

下面，通过一个虚构的案例来看看如何运用决策树。

银行希望通过一个人的信息（职业、年龄、收入、学历）去判断其是否有贷款的意向。银行现在将能够掌握的信息列出表格，但无法进行判断，于是希望通过对数据的分析建立预测机制（见表3－1）。

表3－1　银行掌握的个人信息

职业	年龄（周岁）	收入（元）	学历
自由职业	33	5000～8000	高中
自由职业	28	10000以上	本科
自由职业	42	3000～4000	专科
企业工人	27	3300	初中
企业工人	46	6000	技校
企业工人	30	5000	专科
公司白领	38	18000	硕士
公司白领	40	14000	硕士
公司白领	31	9000	本科

表3－1中有四个客户属性，决策树的做法是每次选择一个属性进行判断，如果不能得出结论，继续选择其他属性进行判断。比如，可以先根据客户的职业进行判断，如果不能得出结论，再根据年龄、收入、学历依次作判断（见图3－8）。

图3－8就是一个简易的预测用户贷款的模型，输入是用户的信息，输出是用户的贷款意向。如果某客户的信息为：职业（企业工人），年龄（39岁），收入（2800），学历（初中），将信息输入上述决策树，可以得到下列的分析步骤和结论。

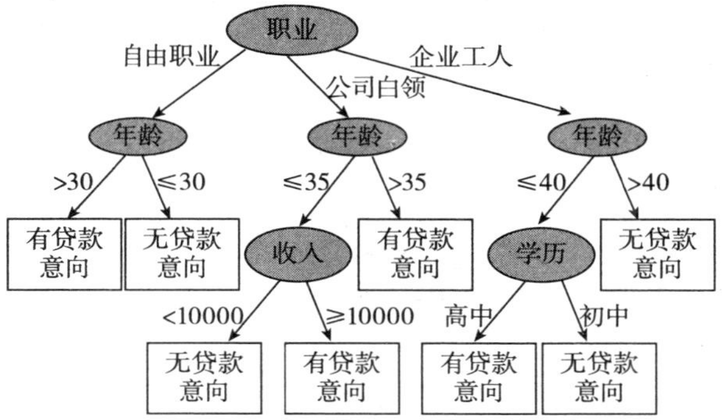

图3-8　银行贷款意向“决策树”分析

第一步：根据该客户的职业进行判断，选择“企业工人”分支（见图3-9）。

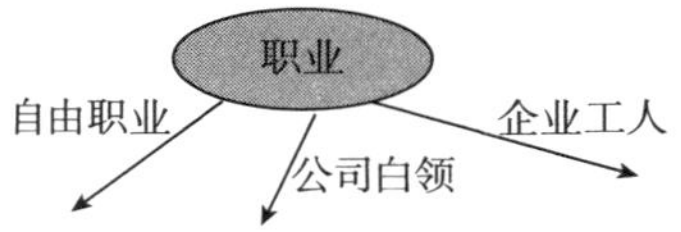

图3-9　“决策树”工人分支（一）

第二步：根据客户的年龄进行选择，选择年龄”≤40”这一分支（见图3-10）。

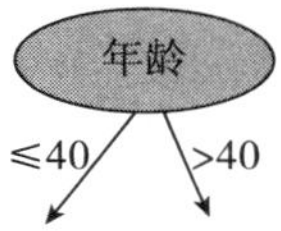

图3-10　“决策树”工人分支（二）

第三步：根据客户的学历进行选择，选择“小学”这一分支，得出该客户无贷款意向的结论（见图3－11）。

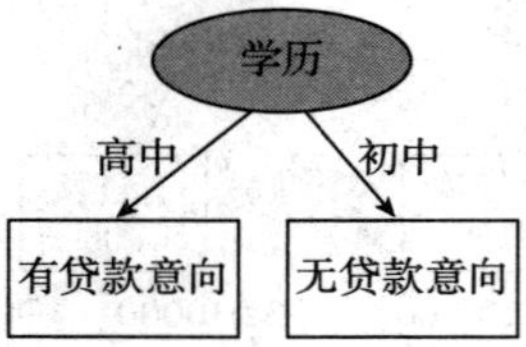

图3－11　“决策树”工人分支（三）

第 四 章

时间规划：把8个小时变为24个小时

每人每天的时间是等量的，每人每天的时间又是不等量的，差异源于时间的利用效率。不浪费每一分每一秒，是时间管理者一直追求的目标，高效人士必须要做好时间规划

第一节

是谁偷走了你的时间

一、没有时间管理的概念

时间是需要管理的，否则就会悄无声息地消失掉。时间是最为宝贵的，对于每个人来说都是不可再生的，需要加倍珍惜。被管理起来的时间，每一分每一秒都在产出价值。而没有被管理起来的时间，经常被一大块一大块地浪费掉。

看看那些有时间管理概念的人，他们的时间总是被充分利用，他们只是看起来很忙，但其实忙的背后是井井有条的安排。

再看看那些没有时间管理概念的人，他们的时间总是杂乱的，他们也是看起来很忙，但产出的价值却很少。

二、紧急性和非紧急性、重要性和非重要性的工作倒置

工作的种类有很多样，每一种工作在进行时给人的感觉都是不同的，或者付出的精力不同，或者付出的时间不同，或者付出的心力不同。具体要付出的代价有多少，与工作的紧急性和重要性相关。

紧急而重要的工作应该是花费最大时间、精力和心力去做的，这样既能将重要工作做好，所获得的价值也该是最大的。但在现实中，很多人却走了相反的路，将时间用在了不重要的工作上，甚至用在了既不重要又不紧急的事情上。这就本末倒置了，最终的结果就是，时间被浪费，工作也没能做好。

三、每天的工作安排不到位

想要时间得到有效利用，需要将工作预先安排，重要的重点做，不重要的稍后做，没有用的不去做。每一天都要将重点时间用在重点工作上，最好做一份工作安排计划（见表4－1）。就像我们常看到成功人士都有日程安排一样，这样做的好处就是每一天都能井井有条做事。

表4－1　每日日程安排

备注	工作名称	时间范围	独自完成 OR 与人协作
1			
2			
3			
4			
5			
6			

四、工作过程中没有有效计划

有些人认为在工作之前做了安排，然后按部就班地一样样去完成就可以了。现实真的是这样吗？如果在设定的时间范围内没有完成工作呢？这种情况在现实中很普遍，规划得挺好，但未必能完成。

原因就在于工作的过程中没有进行有效规划，导致工作无法保持进度。就像比较常见的，工作中一会儿走神，一会儿玩手机，一会儿去做其他事情，原本打算三个小时完成的工作，时间到了，工作连一半也没完成。

上述这几点都是偷走我们时间的“罪魁祸首”，我们要做的不是避免其中的一点，而是要避免所有，保证自己的时间不会被偷走。

第二节

用“四象限法则”分清工作种类

一、什么是“四象限法则”

所谓四象限，是指把要做的事情按照紧迫、不紧迫、重要、不重要的排列组合分成四个象限，这四个象限的划分有利于我们对时间进行深刻的认识及有效的管理。

“四象限法则”是规划时间方面的一个重要观念，是有重点地把主要的精力和时间集中地放在处理重要但不紧急的工作上。一个好的方法是建立预约，预约之后，自己的时间才不会被别人所耗费，从而有效地开展工作。而预约需要在各自的象限上完成。

每一个象限上，把工作或事情赋予重要和紧急的属性，并根据属性的不同，确定执行时的原则和方法（见图4-1）。

象限一中包含的是一些紧急又重要的工作，这一类工作具有时间的紧迫性和影响的重要性，无法回避也不能拖延，必须首先处理，优先执行。

象限二的内容不同于象限一，这一象限的工作不具有时间上的紧迫性，但具有重大的影响，对于个人的存在和发展具有重大的意义。

象限三内包含的工作具有迷惑性，这些工作或事情在时间上很紧急但

图 4－1　“四象限法则”的具体应用

却并不重要。很多人误认为只要紧急的事情就必然重要，实际上却并非如此，像好友的电话、附和别人期望的事、被约打牌等事，虽然眼前紧急，却一点都不重要，甚至说没有意义。但这类事情往往因为它的“紧急”，占据了人们很多宝贵的时间。

象限四包含的事情几乎都是琐碎的杂事，没有紧迫性，也没有重要性，去做就等于浪费时间。

每个象限又都有需要我们思考的问题。

象限一的思考，真的有那么多重要且紧急的事情吗?

象限二的思考：如何避免更多的事情进入令人讨厌的象限一中?

象限三的思考：如何尽量减少本象限的事情?

象限四的思考：我们在工作时间内是否有必要进入这个象限中?

根据四象限法则，我们应该把主要的精力放在紧迫程度低但重要程度高的象限二的问题上。

二、正确的“四象限工作法”

（一）摒弃象限四内的无用事情

象限四的事情既不紧急，又不重要，有志向而且勤奋的人断然不会去做这个象限里的事情。当然，也不是一点都不能做，在工作之余，进行一些休闲娱乐，通常都是这个象限中的事情，比如打游戏、刷微博、与宠物玩耍等。但要注意时间限度，只能在休闲时间内做象限四里的事情。还要注意，不能将大量的休闲时间都拿来做象限四的事情。

（二）摆脱象限三内的干扰性事情

要学会识别象限三中的假象，一些看似重要，实则并不重要的问题，要尽可能少地占用工作时间。

例如，正在工作时，突然老友来访，事属紧急，必须立即应对。你要先确定此次老友来访的重要性，如果老友来说的是很重要的事情，那么这件事的重要程度也随之提升，你要给予最大的耐心。如果老友只是临时串门，就要掌握好接待的时长，既能让老友愉快离开，又尽可能少地流失时间。因此，每一次面对象限三的事情时，必须要设法尽快摆脱出来。

（三）投资象限二内的一些工作和学习

象限二的问题是重要但不紧急，就给我们预留了充足的时间，让我们好好准备，从容实现。可见，做好象限二的事情，对我们的回报最大。

很多成功者都采取了投资象限二的做法，一边精心地处理问题，一边挖掘更大的潜能。一番尽心竭力之后，执行象限二里的工作将成为日后发展的长期堡垒和后盾。

（四）顶住象限一内工作的巨大压力

象限一内的问题之所以急迫而重要，都是由于它们还处在象限二中时，没有做好才被“升级”来的。当问题被移入象限一中后，就已经退无可退了，再困难也要攻克它。可见，应对象限一的问题，最重要的已经不是能力问题，而是人的意志品质问题。无论象限一中所列的问题有多难，都要坚决顶住，采取步步为营、稳扎稳打的方式获取成功。

第三节

把时间留给最重要的事情

一、什么是“三只青蛙法”

有些人在工作中经常出现时间不够用的情况，于是就抱怨工作太多，导致自己忙不过来。但现实往往不是这样的。为什么有些人的工作很多，但从不会抱怨自己时间不够？就像世界级大律师阿玛尔·阿拉穆丁，同时接数个案子，有自己的公司，还要兼顾时尚，可是她从来都以优雅示人。就连她的丈夫乔治·克鲁尼都惊叹“每天如此忙碌，却又如此从容，她是怎样做到的”。

所以，我们绝对不是真的没有时间，只是我们不会管理我们的时间。世界级成长专家博恩·崔西说：“每天拿出时间吃‘三只青蛙’，坚持不懈，你会获得不一样的成就。”

什么是“吃青蛙”？这个概念来自于博恩·崔西所著的《吃了那只青蛙》一书。时间管理领域有个经典的比喻：“青蛙”代表我们面临的最大、最重要的那一项工作。“吃青蛙”就是选择最恰当的时间集中全力去完成重要工作。

那么，“三只青蛙法”通俗的解释就是一天最多做三项重要的工作

（见图 4－2）。这是一种以考虑自身实现能力和客观因素的方法，力争将时间效率发挥到最大。总之，每天做好三件事，你就是赢家。

图 4－2　“三只青蛙法”

二、如何运用“三只青蛙法”

（一）确定你的“三只青蛙”

乔·吉拉德曾说：“如果你每天早上醒来之后所要做的第一件事情就是‘吃掉一只青蛙’的话，那么你就会欣喜地发现，在接下来这一天里，再没有比这个糟糕的事情了。”

首先，在晚上睡觉前，把第二天要做的三件大事写下来，在夜间完成梳理工作，可以避免花费白天的宝贵时间制定目标，提高了时间利用率。

其次，确定第二天要吃掉的“三只青蛙”，必须要罗列出待处理事项、工作。问自己两个问题有助于做出筛选，“对我来说完成什么工作最有价值?”，“什么事只能由我来做，而且关系重大?”。

（二）确定“青蛙”的优先级

博恩·崔西说：“如果你必须吃掉三只青蛙，那么要先吃那只长得更丑陋的。”

所谓“更丑陋的”就是工作难度更高的，更不愿意去完成的，很想逃避的。但是，如果已经列入了待办清单，说明工作很重要，无论如何也要完成。既然如此，何不优先完成呢？安排在早上精力最好的时候吃掉那只

“最丑陋”的青蛙，我敢保证，如果你能按时吃掉，那么你这一天的工作会无比顺利。

但是，每天有三只“青蛙”，如何衡量哪只“最丑陋”呢？如果哪项工作最不愿意做，就判断哪项工作“最丑陋”，并不合适。因为有的工作非常重要，但我们并不讨厌，所以排在了后面，而有的工作并非最重要，但因为个人的讨厌，所以误当成“最丑陋”而排在了前面。将主要精力和时间用在不是最重要的工作上，不利于更好地完成工作。

有一个相对简单的识别方法，就是在找出“三只青蛙”后，进行两两比较，以重要程度和紧急程度为根据，找出当下最重要的一项，然后用不少于20%的时间集中处理（见图4－3）。在处理的过程中要抵制住“先易后难”的诱惑。

图4－3 “三只青蛙”间相互比较

该图分为四种情况：

第一种：“A青蛙”先与“B青蛙”比较之后，“A青蛙”获胜；“A青蛙”再和“C青蛙”比较，如果还是“A青蛙获胜”，就无须再比较了，直接判定“A青蛙是最丑陋的”。

第二种：“A青蛙”与“B青蛙”比较之后，“B青蛙”获胜；“A青蛙”再和“C青蛙”比较，如果是“C青蛙”获胜；需要再让“B青蛙”和“C青蛙”比较，获胜者就是“最丑陋的青蛙”。

第三种："A 青蛙"与"B 青蛙"比较之后，"A 青蛙"获胜；"A 青蛙"再和"C 青蛙"比较，如果是"C 青蛙"获胜；需要再让"B 青蛙"和"C 青蛙"比较，如果是"C 青蛙"获胜，就判定"C 青蛙是最丑陋的"。

第四种："A 青蛙"与"B 青蛙"比较之后，"A 青蛙"获胜；"A 青蛙"再和"C 青蛙"比较，如果是"C 青蛙"获胜；需要再让"B 青蛙"和"C 青蛙"比较，如果是"B 青蛙"获胜，就形成了一个循环，"A 青蛙"胜"B 青蛙"胜"C 青蛙"胜"A 青蛙"。这种状况不能立即判定，应当借助其他方法，比如"四象限法则"。

总之，提高工作效率的关键在于，每天早上要做的第一件事情，就是对你来说最重要的那件事情，养成这样的习惯并终身保持，可以帮助你早日实现人生目标。

第四节

用80%的时间做好关键的20%工作

一、什么是80/20法则

有人认为自己有多努力，就会有多少收益。事实上，工作的努力程度与获得的收益，不一定成正比关系。

看看那些付出了120%努力的人，有的人收获了预期，有的人没达到预期。差别不是因为努力的程度，而是源自努力的方向。努力的方向决定了我们努力的价值。方向错了，努力越多，反而离目标越远。

美国投资家克里斯·加德纳早年为一家医疗公司做器材销售，每天背着沉重的器械到处跑，可几个月拼下来仅挣了不到一百美元。后来加德纳在回忆时说，自己完全没搞明白该往哪里努力，只知道不间断地寻找客户，与客户洽谈，可自己对所销售的产品了解并不多，也无法明确告诉客户产品的优势。此后，他将主要精力用在了解自己的产品和竞争对手的产品上，为此写了很厚一本资料。随着他对产品的了解增多，谈成的客户也逐渐增多。

其实，加德纳无意中运用了一个著名的法则——“80/20法则”，也叫“帕累托法则”，由意大利经济学家维尔费雷多·帕累托发现，并解释了投入和产出、努力和回报存在着无法解释的不平衡关系。

收入的80%来自于你关键的20%工作；80%的工作都是在20%的时间里完成的；80%的利润来自20%的重要客户……虽然这些不平等不会总是80/20（也可能是90/10，70/30），但原理是基本相同的。

由此可见，工作中投入的精力并不能决定产出的结果，只有将主要精力投入重要的、有价值的工作中，努力才能有高产出。下面，通过两幅图来表现投入精力与产出结果之间的关系（见图4－4、图4－5）。

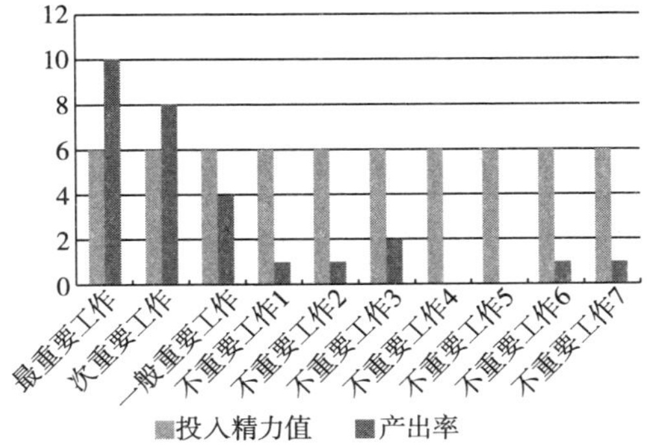

图4－4　努力相同，结果产出比状况

图4－4中，假定投入精力的满值为10，此图一律将该值设为6，产出率则大不相同。重要的工作能为我们带来超过精力值投入的产出，而不重要工作的产出率是很少的。因此，如果我们将时间和精力过多的分配给不重要的工作，即便再努力也难以收到大的收益。

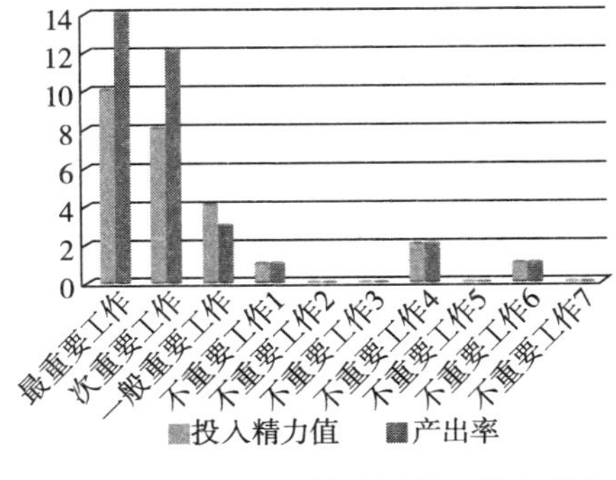

图4－5　结合工作的重要程度投入精力值

图4-5中，假定投入精力的满值为10，此图根据工作的重要程度来规划时间和精力，给重要的工作分配核心事件，不重要的工作分配少量时间、细碎时间、甚至直接放弃。

此图中需要注意一点，如果决定执行不重要的工作，就要做到付出多少精力，收获多少价值，做到时间精力不浪费。就像“不重要工作1”那样，付出是1，收获也是1。

二、如何运用好80/20法则

（一）将大块时间和主要精力用在最关键的工作上

人的工作以“日计”，每天的工作时段分为大块时间、小块时间、碎片时间。常规工作时间都是大块时间，用以完成关键工作。比如，一位作家，最重要的工作是写作，就应该在大块时间内安静地写作，不能写一会儿，去做点其他事，再回来写一会儿，那样文章就不成体系了，自己很累，也没什么效率。

运用自己的大块时间完成关键工作，有三个必须要遵守的原则：

1. 大块时间内，只能做被安排的重要工作，其他任何事（没有意外状况）都不能涉及。

2. 大块时间的长度最少不应低于两小时，这是保证认真工作能将关键工作做好并能获得最佳收益的临界界限。

3. 如果大块时间需要做一件以上工作，需要预先做好规划。按照重要程度和紧急程度确定执行优先级（见图4-6）。

总之，必须坚持做下去，每天将大块时间去做重要的工作，经过日积月累，工作就能出成果。

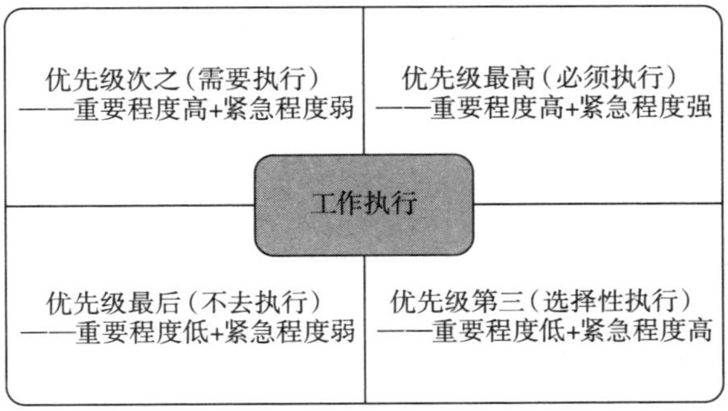

图 4－6 按照重要程度和紧急程度确定执行优先级

(二) 果断去除收益甚微的“长尾”

“80/20 法则”的重要作用之一是让我们避免将时间和精力花在琐事上，学会抓工作的主要矛盾。毕竟一个人的时间和精力是有限的，不可能“做好每一件事情”，面面俱到不如重点突破。

美国企业家威廉·穆尔在做销售员时，发现 80% 的收益仅来自不到 20% 的客户。于是他将原来的 46 个客户进行划分，剔除了最不活跃的 36 个客户，只留下 10 个客户重点维护。

这样的果断舍弃，类似经济学中的“长尾理论”，不过现在要断掉这条既耗费精力又收获不大的长尾巴（见图 4－7）。

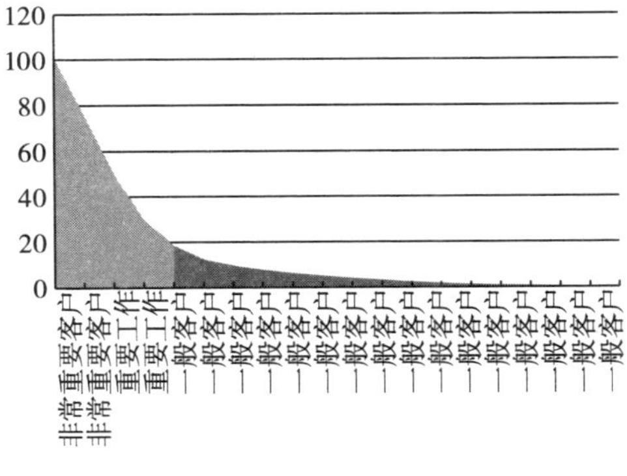

图 4－7 舍弃工作中的“长尾”

图4－7中的横轴是客户分类（工作分项），纵轴是销量（收获）。浅灰色部分的客户数量少，但带来最多价值；深灰色部分的客户数量大，但价值却小。

工作也一样，重要的工作（浅灰色）量级少，可能难度大，但收获也大，必须重点关注，重点执行。不重要的工作（深灰色）量级大，难度小，但收获也小，原则是能不做的就不做，必须做的就马上做，不能拖延。

假如一个人的时间和精力只允许完成两到三项工作，就应该建立“工作过滤器”，找出里面贡献率最小的80%，果断淘汰掉，只保留剩余的20%，确保以最佳的状态处理最关键的工作，正确实现效果最大化。

由此可见，去除工作中价值很小的“长尾部分”，有利于提高工作效率，也能提高工作执行的成功概率。

第五节

完成一个阶段工作就吃掉一个番茄

一、什么是“番茄工作法”

“番茄工作法”是许许多多高效人士都在采用的方法。

“番茄工作法”由意大利管理专家弗朗西斯科·西里洛创立，最显著的是减少工作被中断的概率，如果运用到位，可以禁绝工作被中断的现象。此方法能够唤醒内心的激励感，并将激励感持久，还能帮助我们完善和改进计划的流程，保质保量地完成计划。

番茄工作法的使用很简单（见图4－8）。选择一个待完成的任务，将番茄时间设为25分钟（自行决定，常规为25分钟），专注工作，中途不允许做任何与该任务无关的事，直到番茄时钟响起，在纸上画一个“√”，短暂休息5分钟（自行决定，常规为5分钟）。每执行四个番茄时钟，休息15分钟（自行决定，常规为15分钟）。

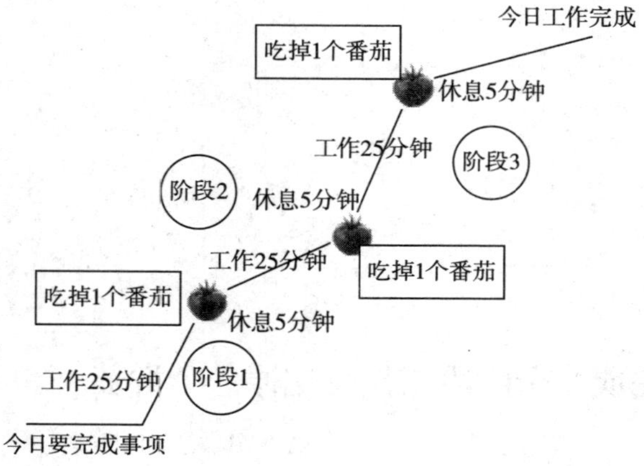

图 4－8 “番茄工作法”

二、“番茄工作法”的步骤

第一步，每天开始的时候规划当天要完成的几项任务，将任务逐项写进列表。

第二步，设定番茄钟，时间是 25 分钟。

第三步，开始完成第一项任务，直到番茄钟响铃或提醒（25 分钟到）。

第四步，立即停止工作，并在列表里该项任务后画一个“√”。

第五步，休息 5 分钟，活动、喝水、远眺、洗手间等。

第六步，开始下一个番茄钟响铃，继续工作。

…………

第 N 步，每四个番茄钟后，休息 25 分钟。

具体运用如表 4－2 所示。

表 4－2　“番茄工作法”具体运用

时间	工作	可用番茄数 8 个		
2019 年 1 月 4 日	写一篇关于“深度阅读”的文章，最多 10 页	√	√	
	朗读这篇《深度阅读》并改正			√
	缩减《深度阅读》至 5 页		√	√

上述表格中，画“√”的为完成一个番茄时间，一共五个番茄时间被执行完毕，还有三个尚未执行。

三、“番茄工作法”的原则

原则一：一个番茄时间不可被分割，不存在半个或一个半番茄时间。一个番茄时间通常为 25 分钟，休息 5 分钟，因为“30 分钟”有利于时间的安排。

原则二：若在一个番茄时间内做了与任务无关的事情，则该番茄时间作废，需要重新开始计划。

原则三：不要在非工作时间内使用番茄工作法。如三个番茄时间打游戏、两个番茄时间做饭，这是没有意义的。

原则四：不要拿自己的番茄数据与他人的番茄数据比较。横向的比较没有意义，每个人的番茄时间都有各自的侧重点。比较只能纵向进行，用自己当下的番茄时间对比前期的番茄时间，看看是否有进步。

四、“番茄工作法”的经验

经验一：合理设置一个工作日内的番茄时间，将重要的工作放在头脑最高效的时段，比如上午 8：30～11：00。

经验二：不一定所有工作都要纳入番茄时间里，找到适合自己的工作节奏。

经验三：番茄时间内没能完成任务，可以延伸到下一个番茄时间里继续，其他任务随之顺延。出现这种情况，需要加强任务划分能力，尽量做好任务完成时间的预估。

经验四：番茄时间的数量与任务最终的成败之间没有联系。

经验五：必须有一份适合自己作息的时间表。

五、“番茄工作法”被打断的情况

“番茄工作法”最常遇到的障碍是被打断，一旦被打断，之前的安排就混乱了。而被打断又是不可避免，意外的电话或邮件、随时可能到访的客人、意外的情况、突发奇想等。

中断的原因可分为两种（见图4－9）。一种是“外部打断”，很难预测也没有办法预防。比如正在工作，有同事在QQ上跟你聊了一会儿与工作无关的话题，或是你在搞创作时邻居突然到访；另一种是“内部打断”，很难控制但却并非不能预防。比如一走神就“自动”刷起了微博，工作中却想起了最近的烦恼事。不论哪种被打断，都只能老老实实地将被中断的番茄时间作废，重新来过。

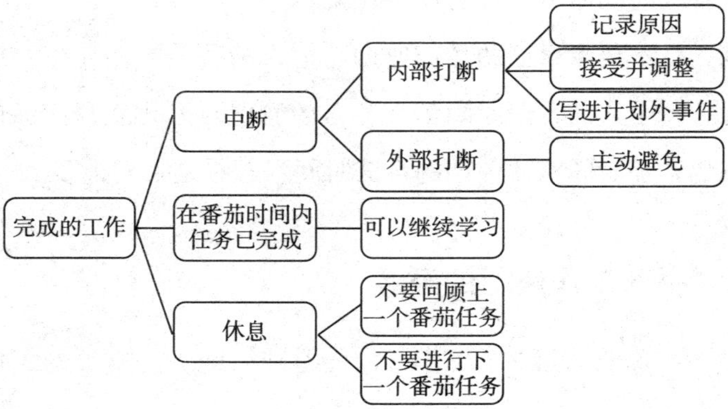

图4－9　番茄时间被打断的图示

六、“番茄工作法”被打断后的应对策略

1. 必须立即去做的事，停止这个番茄时间，并宣告它作废，哪怕还剩5分钟就结束了。立即去完成这件事情，之后再重新开始同一个番茄时间。

2. 不必立即去做的事，在列表里记录该项任务，并在后面标记一个逗号（表示打扰），并将这件事记录进另一个列表里，比如叫“计划外事件”或者“打断事件”，然后接着完成当下的番茄时间。

3. 如果因为预估任务的难度系数失误，导致任务进行到一半无法继续，把出现的该项任务记录进另一份任务清单中，可以叫“日后待办清单”，但一定不能叫“今日待办清单”。然后中断这个番茄钟，转而进入下一个番茄时间。

4. 可提前在番茄时间中预留出一些处理打断的时间，比如将“25 + 5”的“25”里预留出5分钟，变成（20 + 5） + 5。这里有一个问题，如果预留的5分钟没有被打扰呢？这也是正常的，这5分钟应该如何处置？在瑞典管理学家诺滕伯格·斯塔凡所著的《番茄工作法图解》中给出了答案。他的建议是“过度学习”，即在一个番茄时间内只进行一项任务，如果有多余的时间，就对已完成的任务进行进一步优化。

5. 我们应该尽可能避免被打断，内部打断不必说，外部打断也应该运用一些技巧尽量减少被打断的比例。比如，在允许的范围内适当将e－mail接收的间隔延长；电话设定留言模式，告知他人你“不在服务区”；不启动即时通讯工具，或设置即时通讯工具的状态为隐身、离线或繁忙等。

总之，我们要尽全力保证“番茄工作法”能顺利实施下去，既保证了工作效率，也避免了浪费时间。

第六节

用碎片时间处理碎片化工作

一、什么是碎片时间

所谓碎片时间，是指一天中那些没有被安排工作、没有被计划、零散的、规律性较差的时间。

与碎片时间对应的是大块时间，是一天中用来做主要事情的工作时间，这样的时间通常有数个小时的时长，是非常连贯的时间段，如果利用得当，收效将非常大。

当我们能够充分运用大块时间后，对于碎片时间也不能任由流走，而是要利用起来。即大块时间做重要的工作，碎片时间做碎片化的工作。

二、怎样利用碎片时间

（一）给零散时间匹配零散的任务

每一天的碎片时间累积起来很可观，利用这些时间做有意义的事，非常必要。为了更好地抓住碎片时间，我添置了一些必要的电子设备，例如平板电脑，内存更大的手机，还下载安装了能够帮助阅读或记录的 App，以便自己在零碎的时间里能随时把读到的、想到的、看到的记录下来。

我的一个朋友的方法更值得推荐，他放弃了开车，改乘出租车或地铁出行，然后把每天的社交联络任务，比如打电话、微信交流等放在这一时间段完成，既节省了回家后的时间，也保证了通勤的安全。

其实，我和朋友的行为，总结起来就是在零散的时间内做零散的事情，这也是很多高效人士都提到过的好方法。这种方法就是用空闲的时间，提前设定好每个时间碎片可以完成的任务。这样一旦面对碎片时间，就可以立刻做对应的事情。

比如：5 分钟 = 打一个电话，10 分钟 = 看几页书，30 分钟 = 编辑微信公众号后台的格式，50 分钟 = 在手机上为某个选题写草稿……有了这样的提前规划，就不会陷入“刷刷朋友圈、看看微博，时间就不知不觉过去了”的懊悔中。

当然，即便给零散时间安插了任务，也并不能保证所有零散时间都严格地用来完成任务。毕竟我们是活生生的人，也要休息，也要娱乐。然而设定了这些任务后，总能有些零散时间段是知道该做些什么的。

（二）“两分钟原则”——能做的尽快去做

如今网上流行一句话，“做一件事需要三分钟，但下决心去做这件事需要三小时”。这是对“拖延症患者”的准确描述。

如何让自己不再用三小时去推动三分钟，而是能够及时去完成一些细碎的事情呢？“两分钟原则”将会帮到你。

人们发现，一些零散的工作，因为难以调动起紧张神经，所以在执行之前总让人感觉困难，不是工作难，而是执行难。但若是从“想到它”到“执行它”所花费的时间少于两分钟，完成的效率就非常高。可见，两分钟是分水岭，如果在两分钟之内去完成，将很快完成一项工作；如果超过两分钟还未去做，这件小工作很可能就此搁置，说不好几个小时甚至几天以后才会去做。

所以，“两分钟原则”听起来是一个很简单的方法，实施起来也同样简单：即一件事可以在两分钟之内完成，就马上去完成它，或者在两分钟之内委派给他人。

比如，工作时突然上司需要你上报一份材料，可以分成两种方式处理：第一种，如果这份材料是现成的，可以用两分钟的时间发送，就马上停下手里的工作完成它；如果这份材料需要一定的工作时间才能完成，就把这项工作安排到接下来的时间表里，规定好具体执行的时间，或者立即交给下属去做。

当然，如果插入的事情完全不需要理会，就不需要调用“两分钟原则”，直接把这个事情推迟或丢掉就可以了。

这些插入的事情会迫使我们转移注意力，耗费我们的精力，这就是大块时间被打断后效率低下的重要原因。“两分钟原则”避免了这种消耗，立即去做，既完成了突发的任务，又没有耽误当下工作的完成，还保证了没有遗漏情况发生。

第　五　章

精力管理：
没有好精神，工作再简单也会变复杂

每件工作都需耗费精力才能完成，精力充沛与工作完成质量成正比。为什么有些人总觉得很累，有些人却像永动机，总不会疲倦？区别在于精力管理的实践和应用

第一节

为什么你总感觉工作很累

一、如何理解精力管理

场景 1：

A 每天工作和学习累计达到了 16 个小时，但效率却并不高，完成质量也不好，关键是还把自己搞得很累，工作、学习一直没什么进展。

场景 2：

B 因为工作性质的问题，可以自由支配工作时间，但他每天的工作相当分散，没有整块的时间去完成，工作时总感觉很烦躁，也很疲劳。

场景 3：

C 的工作量不大，工作紧张程度也不大，因此他每天给自己安排四个小时的工作时间，其余时间自己支配，但仍然感觉很疲劳，看见工作就发怵。

上述三个场景中，三个主人公虽然各自情况不同，但相同点是都对工作感到疲惫。A 是因为工作强度太大，精神体力跟不上；B 是因为工作时间分散，难以集中精力；C 是因为工作太过松懈，产生了懈怠心理。

如果是 A 疲惫，很多人能够理解，工作做多了就会觉得很累。但 B 和 C

也觉得疲惫，就不容易让人理解了，毕竟B和C能够自由支配时间。但其实如果没能很好地安排自己的工作，即便有很多空余时间也会觉得疲惫。这种状况就是属于对自己的精力管理不当，导致精神疲惫，工作没有效率。

当我们一直强调时间管理的好处时，有时候就会忘记精力管理同样重要。因此，不要再将精力管理同时间管理结合了，我们现在要做的是如何在保证高效工作的同时让精力更加充沛，而不是为了实现高效工作而压榨自己的精力。

二、精力管理的两大部分

（一）自身管理

自身管理可以分为五个部分（见图5－1）。每个部分各有作用，不能忽视某一个，也不能取消某一个。

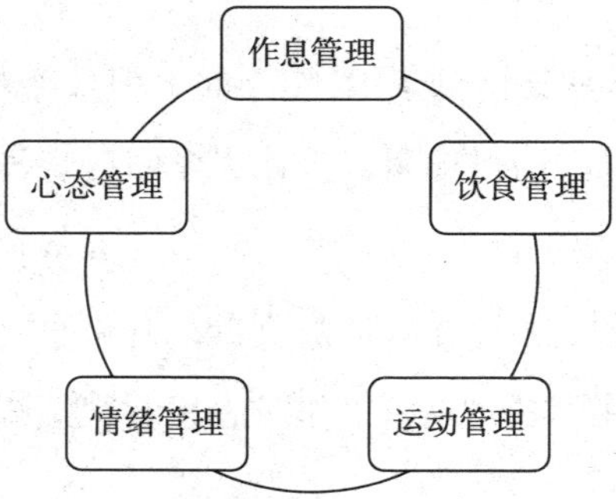

图5－1　自身管理的五个部分

1. 作息管理：作息时间规律是保证精力充沛的第一要素。我们都有这种感觉，如果夜间23：00至清晨5：00的睡眠不能保证，白天怎么补觉精神也会不足，头重脚轻、昏昏沉沉始终伴随。所以，这六个小时是一定要入睡的，然后再向前和向后分别推一个小时，就是夜间22：00至清晨6：00的睡眠时间，早睡早起一定会精神百倍。

2. 饮食管理：睡眠是保持精力的第一要素，饮食就是第二要素。饮食必须保证适量、健康，杜绝暴饮暴食，也不要大鱼大肉，要做到膳食的营养搭配。多看一些营养书籍，接受养生专家的推荐。

3. 运动管理：适当的体育锻炼可以保证身体健康和精力十足。久坐、久卧、久思、久劳都对身体损害很大，尤其现代人，久坐是常态，精神压力也大，更需要进行体育锻炼，一方面可以活动筋骨，另一方面也能放松精神。可以进行简单的户外训练，也可以在健身馆寻求健身达人的指导。

4. 情绪管理：如果你做到了作息规律、饮食健康、运动健身，仍然感觉疲惫，就要从情绪方面找原因了。如果一个人总是被坏情绪缠绕，精神会相当疲惫。一个经常抱怨的人，一定比乐观阳光的人活得疲惫。所以，要学会控制情绪，让自己不再被坏情绪掌控，成为一个为自己也为他人带来阳光的人。

5. 心态管理：心态在某些方面与情绪有关联，能管理好情绪的人，也一定能管理好心态，反之，管理不好情绪的人，心态也不会好。但对于情绪来说，心态更倾向于根本，如果心态从容了，情绪就会好很多，所以将心态放平非常重要。

（二）方法加持

我们能够做好自身管理，精力一定会得到提升，具体提升的比例要看自身管理的效果和坚持的时间。但在自身管理到位的基础上，如果再能选择方法进行辅助，精力提升的效果会更好。比如“34 枚金币法”，通过制定每天的时间表来管理精力，争取将最好的精力时段用在最关键的工作上，既能有效提高工作的效率，还能避免因为在精力不够的时段工作导致的疲惫感。再比如“莫法特休息法”，一种让我们在工作之余能够得到充分休息的方法。休息必须充足，还不能占据过多的时间，所以休息也是一门学问，需要好好掌握。

总之，有了好的方法，对于精力的恢复、积攒、运用，都能起到很好的作用。更重要的是能够助力我们在精力充沛的时候取得更多成绩。

第二节

吃什么，怎么吃，精力更充沛

一、怎样才能精力更充沛

饮食和精力的关系非常密切，英文有一句谚语“You are what you eat”，翻译过来就是：你吃什么，你就是什么。

这句话的本意是指吃东西的营养组成决定了一个人的外在状态，也就是精力状态。

人体的精力由两种节律进行调节，决定我们什么时间疲惫困倦，什么时间必须要休息（见图5－2）。这两个节律共同作用，形成了我们一天的觉醒状态和困倦感觉。昼夜节律，是人类受白天黑夜的变化产生的节奏，以24小时为一个周期，也可以理解为生物钟。内生平衡节律，主要受觉醒和睡眠的时间影响，也就是说，睡眠和觉醒是相互影响的，睡眠多了，就容易醒，睡眠少了，就会困倦。

人在一天中，受昼夜节律的影响会在早上醒来，然后进入内生平衡节律的调节周期，开始消耗精力，积累睡意。有时候，我们已经非常重视作息规律了，早睡早起，但每天依然觉得精神不足，尤其到了下午，精神跟不上，犯困。有的人午睡过后，还是会犯困，这是不正常的现象，人的精

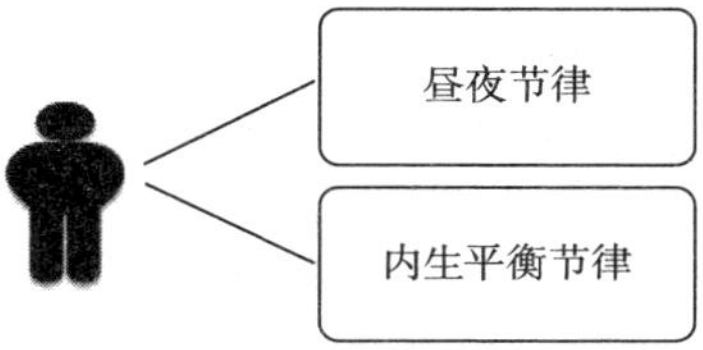

图 5－2　人体两种节律

力不应该这样差。

此时我要告诉你，除了昼夜节律和内生平衡节律的作用，饮食也会是你下午发困、精神不振的重要原因。你是不是喜欢吃高糖分、高碳水化合物的食物，比如蛋糕、乳酪、米饭、面条？因为高糖分、高碳水化合物的食物都会转化为糖，让血糖快速升高，会直接导致胰岛素快速分泌，引发色氨酸进入大脑。色氨酸是合成褪黑素的重要原料，褪黑素越多，人就会越觉得困。如果再吃得太饱，大量的血液涌到消化道，也会导致大脑血供下降而觉得疲惫。

总之，如果不注意饮食习惯，也不了解食物的营养构成，很容易因为不健康饮食而导致精力不足。

二、怎样吃，才能让精力充沛

（一）少吃多餐，变一日三餐为“一天五顿”

这里所说的五顿，不是你想象的正式的吃五顿饭。保持血糖不高，人体就不易犯困，其实保持血糖的稳定也同样有保持精力的作用。

一日三餐的弊端是两餐之间的间隔时间较长，吃饱时血糖升高，然后血糖逐渐降低，感觉饿时血糖已经相当低了，这种大起大落的状态会使大脑感觉疲惫。所以，为了尽量减少血糖的波动，我们需要少吃多餐。

常规的一日三餐不变，并且在吃早餐、午餐和晚餐时，少吃一些主食，多吃一些蔬菜。因为主食容易让血糖快速地上升，但蔬菜不会。然后在两餐之间的间隙，补充一些零食，比如坚果、水果、蔬菜沙拉等。

具体来说，你一天的饮食可以这样安排（见表5-1）：

表5-1　一天的饮食安排

时间	食物	备注
7：00~8：00（早餐）	高蛋白和高纤维食物	不要吃太饱
10：00~11：00（间隙）	坚果、水果	量不要大，一小把、一小盘
12：00~13：00（午餐）	蔬菜、鱼肉等 高质量的蛋白质	六七分饱为宜
15：00~16：00（间隙）	零食、水果	量要小
18：00~19：00（晚餐）	多吃碳水化合物， 比如杂粮谷物	七八分饱为宜

所以，要想获得良好的精力，在吃方面的第一个原则就是少吃多餐，让血糖尽可能地保持稳定。

（二）多吃综合营养质量指数高的食物

营养质量指数（英文简称“NQI”），是食物里所含营养素占供给量的比除以这个食物所含的热量占供给量的比。也就是说，如果食物里某种营养素含量（蛋白质、矿物质、纤维素、维生素）的含量越高，热量含量越低，那该食物的NQI值就越高。

NQI值把营养和热量两个维度都考虑到了，为我们提供了评价食物营养质量的便利途径。毕竟，现在大多数人不需要过多的热量。但NQI值存在一个问题，因为每一种食物都含有很多种营养素，蛋白质、纤维素、维生素A、维生素B、维生素C、维生素D、维生素E，矿物质的钙、铁、铜、锌、镁等。在比较两种食物的时候，不可能列一个表比较所有成分的NQI值，因此我们需要一种方法能够进行综合比较。

鉴于这种需要，美国耶鲁大学的研究者开发了一个叫作“ONQI”的“综合营养质量指数”分析体系。可以把食物中的各种营养素含量的NQI做一个加权，算出其综合得分，并且按照1到100，为它们排序（见表5-2）。这样就能清楚地看到，哪些食物是营养高、热量低的高质量食物，哪些食物是营养低、热量高的低质量食物。

表 5－2　常见食物的综合营养质量指数评分（ONQI）

参考分值	食物类型	举例
≈100 分	深绿叶蔬菜	甘蓝、芥菜、莴苣、菠菜、芝麻菜、豆瓣菜
≈95 分	其他绿叶蔬菜	白菜、卷心菜（结球甘蓝）、长叶莴苣、芦笋、西兰花
≈50 分	非绿叶蔬菜	茄子、蘑菇、洋葱、小萝卜、豆芽、甜椒（红色或黄色）、花椰菜、西红柿、胡萝卜、甜菜
≈45 分	新鲜水果	草莓、蓝莓、橘子、李子、甜瓜、梅子、猕猴桃、苹果、樱桃、梨、葡萄、香蕉
≈40 分	豆类	扁豆、四季豆、黑豆、花豆、豌豆、毛豆、红豆、白豆、鹰嘴豆
≈30 分	坚果类	南瓜籽、芝麻、亚麻籽、杏仁、瓜子、腰果、开心果、核桃、山核桃
≈25 分	含淀粉的蔬菜	南瓜、地瓜、玉米
≈20 分	全麦	老式的燕麦、大麦、糙米、荞麦、小米、全麦面包
≈18 分	鱼类	鲫鱼、鳕鱼、黑鱼
≈15 分	蛋类/脱脂奶	鸡蛋、鸭蛋、鹅蛋/脱脂牛奶
≈8 分	全脂奶	全脂牛奶
≈6 分	哺乳动物肉/精制谷物	猪肉、牛肉、羊肉/精制大米、精制小麦粉、糯米
≈3 分	奶酪	芝士蛋糕、披萨、乳酪类甜品
≈0 分	含糖食品	曲奇饼、蛋糕、糖果、苏打类点心、饼干、薯片

资源来源：耶鲁大学格里芬健康预防研究中心

（三）及时补充水分

当你感觉疲劳的时候，很可能不是真的疲劳，而是身体缺水带给你的疲劳假象。

这种现象很常见，只是你可能并未在意。比如，我们在夏天很热的时候出门办事，出汗很多，疲劳感会侵袭；如果在炎热的天气运动，疲劳感就更加强烈了，甚至会感到头晕。这个时候，一定伴有口渴的状况；如果你补充了足够的水分，疲劳感也随之减少了很多。这就是缺水引发的疲劳，因此我们要时刻注意补充水分，不能让身体在缺水的状态下运行。

那么，是不是要经常性喝水呢？多喝水是没错的，但喝得过量了也不正确。我们需要的是在身体发出缺水信号之前能够及时补充，不缺水的时候则不补充。

有一个很管用的方法，是用你的体重（公斤）除以 32，得出的数就是你一天大概需要的水量。比如，某人的体重是 63 公斤，除以 32，约等于 1.969，那么此人每天大概需要 2 升水。那么，就将这 2 升水均分成几份，再把时间也进行划分，每个时间段固定喝多少水。如果今天进行了运动，则要在固定所需水量的基础上进行适当增加。总之，要避免产生很渴了才去猛喝水的情况。

第三节

睡眠疗法，对精力的最大补充

一、怎样才算是标准、健康的作息

每个人都是血肉之躯，都需要足够的休息来保护自己的身体。若欠缺睡眠，必然会导致精力下降、工作延误、工作质量下降、记忆力减退、应变能力不足等不良后果。

很多职场人士也知道睡眠的重要性，于是选择了晚睡晚起的休息方式，认为自己睡得晚，但起得也晚，睡眠时间也达到了8小时。但这样做真的能得到充分休息吗？

比如，凌晨3：00睡，中午11：00醒。起来后，你有神清气爽的感觉吗？你觉得自己思维敏捷吗？作为一个曾经经常晚睡的“熬夜控”，我那时候只感觉到了混沌不清、头昏脑涨、脸皮发紧、浑身疲惫。

大多数人的最佳睡眠时间是晚上22：00至清晨6：00。这八个小时是人体脏器轮流休息的时间，也是大脑活跃度最差的时间。这个时间段除了休息，做什么都是对身体的透支性消耗，会加倍疲惫。

无疑，早睡早起的习惯是最标准、最健康的作息。即晚上22：00至清晨6：00为睡眠时间，充分的睡眠能让身体得到彻底休息，第二天才能精力充沛、工作效率高。

二、帮助养成早睡早起习惯的好方法

（一）调整作息时间，不再使用闹铃

不规律的睡眠会扰乱你的“生物钟”，导致身体脏腑器官处在超负荷运转状态，大脑也疲惫不堪。因此，务必要守住你的“生物钟”初始状态。如果早上6：00起床，最晚也要在23：00入睡——是进入睡眠状态，不是刚刚躺到床上。

闹钟是都市青年人不可缺少的“伙伴”，离开闹钟恐怕没有几个不会上班迟到的。但让闹钟帮我们掌握时间，这就说明自己的“生物钟”并没发挥作用。那么，怎样才能告别闹钟呢？下面这个实验能提供一点经验：

十个平时都用闹钟的人（五名男性，五名女性）被要求不许再用闹钟，然后给每个人一份相同的工作时间规划表，实验为期一个月，目的是看看志愿者能否自行按照表上规定的时间作息。起初几天，这些人成了“迟到狂人”。几天之后，迟到的情况就有所缓解。十几天后，迟到现象减少了80%。到了实验最后的几天，他们都不再迟到了，精神状态越来越好。

这个实验告诉我们，闹钟是可以丢掉的。没有了闹钟提醒起床，不敢再熬夜，必须乖乖睡觉，经过一段时间的坚持，不好的作息习惯得到了改善。如果在晚上10：00就入睡了，通常早上6：00左右就能自然醒来，因为清晨的时间已经由熬夜状态时的深睡眠变成了浅睡眠。

（二）严禁“暴力重塑”生理节律

因为每个人生活的环境、身体素质、性格或职业等因素都不相同，就形成了不一样的睡眠状态。这是一个长久的过程，也在生理和心理上形成了惯性，这个惯性医学上称为“生理节律”。如果所形成的“生理节律”

是违背人类生理常规的，就必须进行改正，比如晚睡晚起。

有些人明白修正生理节律的重要性，也清楚其中的艰难，为了加快进程而缩短过程，采用了“暴力重塑”的方法。比如，你一直都是凌晨3：00睡，现在决定22：00就睡。看起来不错，但突然提前五个小时，现有的生理节律是不会同意的，因为你身体的所有机能都在为原有的生理节律服务，现在突然改变了，身体机能做不到。这样强行、大幅度改变，就是“暴力重塑”。

修正生理节律绝不是一朝一夕的事情，必须通过正确的方法慢慢调整。就像非洲的谚语说的：“怎样吃掉一头大象？一次一小口。”

先制定一个最终的目标，然后在现状与目标之间做好锚点，一个锚点一个锚点地向目标接近，直至最终重合（见图5－3）。

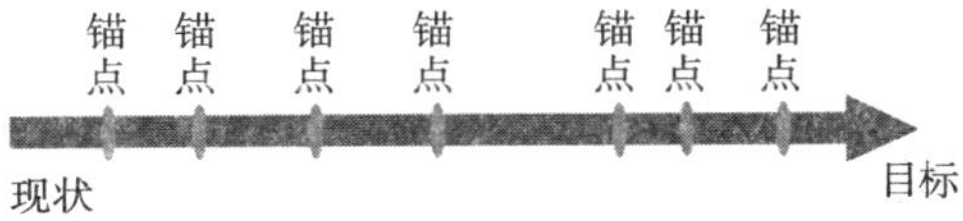

图5－3　拔出锚点式修正生理节律

比如，你要将每天凌晨3：00睡觉、11：00起床的旧习惯，调整为每天22：00睡觉、6：00起床的新习惯。可以循序渐进将修正五个小时的“大工程”分解为由几分钟、十几分钟组成的“小工程”。

具体方法是：起初2～3天只提前5～10分钟睡觉和起床。一个星期后，你就可以提前30分钟睡觉和起床了。大概一个月后，你就可以实现目标规定的睡眠起床时间了。

（三）把握好小睡的时间尺度

午睡已经被越来越多的公司重视，很多大企业还在办公室里装了“寝厢”，再用“充电午休”的应用APP来布置适宜的听视环境，经典的20分钟“充电午休”所带来的好处渐渐得到越来越多的人认可。当然，公司提供午休场所，更多的是为了让员工能够精神饱满地投入工作中，但也从侧面反映了午睡对人恢复精力是多么重要。

午睡的时长一般在20～30分钟最为合适。时间短了，起不到恢复精力的作用；时间长了，会与晚上的睡眠发生冲突。但总有人睡过头，因为午睡并不容易清醒过来，睡得很香却要醒过来，不是也会困吗？其实，午睡是补充睡眠，只要晚上睡眠充足，午睡半小时只是对精力的提增。虽然刚醒来时仍觉得有困意，但用不了一分钟就会清醒过来，而且感觉精神饱满。

第四节

四种简单姿态点燃精力小宇宙

现代心理学的一个分支称作“肢体心理映射”，就是通过研究人的肢体动作，发现能够反映出人的内心想法和当下的精神状态。那么，可不可以反过来思考，用某些特定的身体姿态反向刺激人的身体和精神？

于是，心理学上的另一个概念诞生了，就是“逆肢体作用”，即人的行为可以起到带动精神变化的效果。比如，当人昂首挺胸走路时，内心也会随之产生激昂的情绪，与人交谈时会自动提升精神；而当人低头走路时，内心的悲鸣感也会增强，与人交谈时总会流露缺乏精气神的神态。

这种情况我们每个人都可以尝试一下，只不过因个人情况不同，反映的程度略有差别，但效果是相同的。因此，很多心理学家鼓励那些被焦虑情绪困扰的人，要常做出一些令自己感觉热血升腾的动作，精神状态越低迷，动作越要亢奋。坚持一小段时间，人的精神状态就会被动作引领。美国《肢体财富》列举了最常见的四个能点燃精力小宇宙的姿势：

一、站得“霸气外露”，可以恢复精力

这个姿势由英国央行行长马克·卡尼提出。听着很霸道，做起来很简单：舒展身体，打开手臂，大腿放松，站上一分钟，让自己的精气神得到

恢复（见图5－4、图5－5）。

图5－4　霸气站姿——男性

图5－5　霸气站姿——女性

卡尼经常鼓励自己的下属，要学会利用一切机会自我放松。在央行工作，很风光，但也压力巨大，很多人整天忙工作，坐下来都是奢侈的。怎么办？没时间坐着，那就利用站着放松吧，这也是他多年工作经验的总结。

这个方法我亲身试用过。当我采用一种相当霸道的站姿时，一股莫名的精气神油然而生，仿佛自己立即提升了人生段位。所以，这真的是一个不错的方法，适用于每一个人。

二、紧绷肌肉，可以增强意志力

这个似乎与我们平时的认知背道而驰，该姿势由LinkedIn（领英）的联合创始人雷德·霍夫曼提出。LinkedIn是全球最大职业社交网站，是一家面向商业客户的社交网络（SNS）。因此，霍夫曼掌握了关于职场人士心理和精神状态的第一手资料。

霍夫曼发现很多人都颇具才华，但不够旺盛的精神状态阻碍了他们的发展。他又根据搜集到的那些相对成功的职场人士的工作和精神状态资料进行分析，发现他们也有精神不振的时候，但他们都采用了相同的办法改变。

最经典的方法就是紧绷肌肉，利用肌肉带动神经一同绷住，用于提高精神状态。这个姿势不需要特殊的方法，就是全身用力，将肌肉绷紧，在大脑中通过冥想提高自身注意力和抗干扰能力的决心。

三、双手抱臂，可以提高耐力

当我们在工作中被一个难题卡住时，放弃是绝对错误的，磨磨蹭蹭也不是办法，坚持完成是最好的选择。此时你需要耐力，那么双手抱臂试试看。这个看起来简单的方式由美国经济学家米尔顿·弗里德曼提出。

他告诉我们，研究经济学是很枯燥的，不是简单的喜欢就能坚持的，研究过程中经常会出现精力不济的时候。经过长期的琢磨，他发现了这个简单实用的增强韧劲的方法。

弗里德曼为了验证这个姿势是否对其他人也奏效，做了实验——是他一生中唯一一次不与经济学有关的实验：他让 10 名自愿者随意均分为两组，每组都有男有女，然后让他们做相当有难度的数字谜游戏，一组采用双手抱臂的姿势，另一组除了这个姿势不能用，其余姿势随意。实验的结果是“抱臂组”坚持的时长超过“非抱臂组”两倍，而且正确率也更高。

四、躺下来，可以激活顿悟

顿悟是苦思一个问题良久，突然找到解决方法的美妙时刻，也就是心理学上的“AHA 体验”。但这种体验可不是随意就能得到，除了具备必要的能力外，还需要一些辅助的小手段。加利福尼亚州的“法裔加拿大人人联合会”理事乔·利普尼基的小方法是“躺下来”，让身体彻底放松，将能量全部用于大脑。

作为一名来自魁北克蒙特利尔的加拿大普通移民，想在美国取得成绩，解决困难的灵感必不可少。虽然“躺下来”是很平常的做法，但在关键阶段非常好用，因为大脑瞬间的放空有利于灵感的产生。

如果你认为这种方法不适合职场环境——上班怎么可能突然躺下来，那我只能说你孤陋寡闻了，其实很多企业都开始注重对员工灵感的开发，而且几乎所有的大型企业都设有休息室，员工即便不能在工作的过程中去躺一下，在休息的时间总是可以的。这样将工作中的疲惫驱逐掉，还大脑一片清净，灵感很可能就如约而至。

第五节

掌握“莫法特休息法”，连续工作不会累

一、什么是“莫法特休息法”

“莫法特休息法”，看起来有些让人兴奋，但是，此休息非彼休息，莫法特的休息从来都与工作有关。

《圣经·新约》的翻译者詹姆斯·莫法特的书房里有三张桌子：第一张桌上放着他正在翻译的《圣经》译稿；第二张桌上放着他的一篇论文的原稿；第三张桌上放着他已经写了一半的侦探小说。

“莫法特休息法”就是从一张书桌搬到另一张书桌，继续工作。因此，“莫法特休息法”也被称为“连续分段时间管理法”。该方法避免了长时间做同一种工作带来的心理疲惫感。经常变换工作内容，进行主动的调剂和放松，可以保持精神上的持续兴奋。正是因为该方法着重调节休息，所以将该方法归纳进精力管理范畴。

很多人都有过这样的体会：繁重紧张的工作未必能使我们感到疲劳，有时候反而越干越起劲，但一直单调乏味地从事一种工作，却会让人感到乏力，大脑运转困难。若此时改变工作内容，精气神立即就提高了。因为大脑得到了新鲜信息的刺激，新的活力兴奋灶被激发。

二、“莫法特休息法”的优势

下面来看看“莫法特休息法”的优势（见图5－6）。

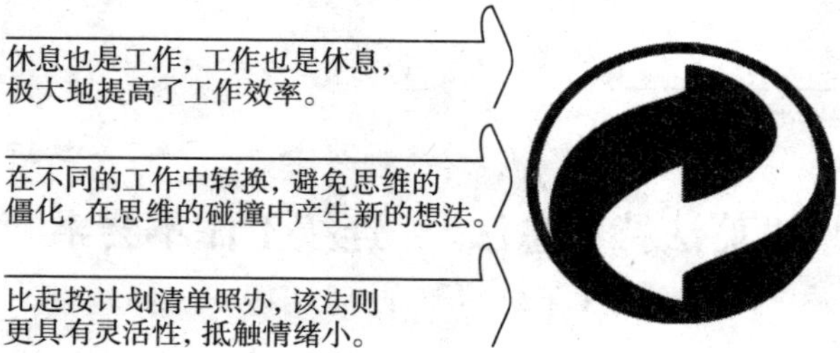

图5－6 “莫法特休息法”的优势

三、“莫法特休息法”如何操作

“莫法特休息法”根据人的大脑左右两半球的不同功能，把工作时间分为“连续”和“分段”两种。

大脑的左半球负责语言表达、逻辑思维和序列思维等活动，大脑右半球负责非语言性、非逻辑性思维的知觉、直觉、感情等形象思维方面的活动。因此，连续性工作（如写作、做策划）用左脑，分段工作（如打电话、记录、统计）用右脑。如果我们把一天内必须完成的工作，分成连续和分段两类，并交替进行，就可以使左右大脑轮流获得休息，减轻紧张感，去除疲劳，也能使工作更加专注，效率更高。

四、“莫法特休息法”的工作模式

（一）按抽象与形象切换

抽象与形象是相对应的，抽象常指不能具体表明的事物，形象是能够具体表明清楚的事物。用在实际中，可以采取工作和学习交叉进行的方式。工作往往都是形象的，工作一段时间，可以学习一会儿，缓和大脑的疲劳程度，调节我们的思维和注意力。

如果只是工作的场合，无法学习呢？可以在工作的细节中进行切换。比如A是位塔吊司机，活动的范围不足两平方米，而且工作不能停顿，看起来他是没有条件让左右脑轮休了。但办法总比困难多，A自己发明了一种“自制画布法”。在塔吊起吊重物时，进入工作状态，等到工人卸装完毕，空置的吊斗回来时，A就把眼前的景象想象成一幅画，自己仿佛置身画中。他告诉我：“那种感觉真的很好。”对于为什么要在空吊斗时才运用想象，A说是因为安全。而且他也不是每次都这样切换，而是间隔一段时间后进行几次，缓解大脑疲劳。

如果工作的性质是研究做学问呢？也可以在研究的过程中穿插一些“插曲”。比如B的主攻方向是哲学，很显然这是相当抽象的领域，于是B选择和形象的、具体的领域进行切换。他的“插曲”有侦探小说、诗歌集、图片画报，每次阅读20～30分钟。

（二）动静交替分配时间

如果我们经常保持一种姿势，肌肉一定会觉得疲劳，然后我们切换姿势，疲劳的肌肉得到放松，渐渐恢复。这是我们日常应对肌肉疲劳的一贯做法。

其实，在工作中这样的方法也很适用，只是我们很少去做。所以，建议办公室中长期“静坐”的工作者“动起来”，因为动静结合有利于缓解身体和大脑的疲劳。

比如，坐一个小时就要站起来活动几分钟，让血液充分流动，精力得到恢复。

（三）体力劳动与脑力劳动互相交替

如果长时间进行脑力劳动，人的大脑思维也会逐渐减慢；如果长时间进行体力劳动，人的肌肉力量会逐渐减弱。但如果让脑力劳动和体力劳动交替进行，就可以让大脑和身体轮换得到休息，从而提升工作进度和质量。

比如，你是一名办公室职员，每天对着电脑工作——无疑这是脑力劳动。为了让大脑能得到适度休息，你需要为自己寻找一些“干体力活”的机会。比如打扫卫生、码放资料，都可以让大脑得到短暂的休息。

总之，上述三种方法的运用，要结合实际的环境，让“莫法特休息法”发挥作用，争取做到连续工作不会累。

第六节

团队的力量让你节省一半精力

一、合作必须具备的基本条件

你是否遇到过这类情况：在一个新产品上线前，你有了一个创意，可是自己做不出来；分公司要开一次年会，你被指定为活动策划人，却发现自己完成这项任务将会非常困难；很多时候一个人可以完成一项任务，但各种艰辛只有自己知道，总是希望能有人帮一把。

遇到这类情况，很多时候我们都会归咎于自己的能力不够，于是甘愿将机会让出去。但真的是能力不够吗?

显然不是，而是不懂得合作。

只有一群人聚集到一起，分工合作，才能完成“大事”。

合作就是为了完成目标而需要人们一起工作完成任务。合作就是个人与个人、群体与群体之间为达到共同目的，彼此相互配合的一种联合行动。

成功的合作必须具备一些基本条件（见图5－7）。

有了“合作”，就有了“合作式工作法”。该方法由埃克塞特大学商学院荣誉院士伊恩·麦克德莫特和认知心理学家、考前培训师迈克尔·霍尔

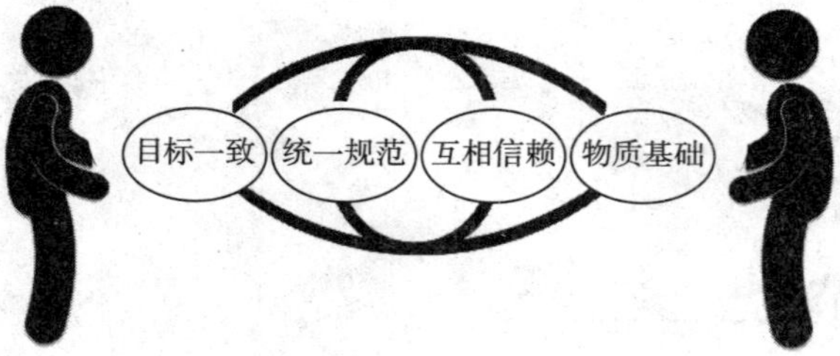

图 5-7　成功合作的条件

联合提出，旨在将人们汇聚在一起，用有意义的愿景进行激励，并组织他们形成团队精神，实现高绩效。

为了对“合作式工作法”进行验证，密歇根州立大学的心理学家杰森·莫泽和他的同事们进行了一项实验：

该实验招募了 10 名女志愿者和 10 名男志愿者，他们当中一半人是工作中的业绩普通者，另一半人是工作中的业绩突出者。

然后将业绩普通者统一编成两组，业绩突出者不分组，都是单独行动。再给业绩普通的两组分派困难度很大的工作，让他们以团队的形式完成，限时三天。给业绩突出的人分派难度较低的工作，让他们单独完成，限时也是三天。

三天以后，业绩普通的两组都完成了任务，业绩突出的只有一个人完成了任务。而且通过持续的观察可以看出，业绩突出的两组，因为是团队配合，虽然期间奔波忙碌，但都没有感觉多么疲劳，是在一种轻松的氛围下完成了任务。而业绩突出的那些志愿者情况就糟了很多，因为是单打独斗，他们每前进一步都耗费了很多精力，最终完成的那个人说自己“累到想躺下”。

虽然对结果有了一定的心理准备，但这么大的差距还是让莫泽感到震惊。在后来的对话中，莫泽好像找到了答案。

一位平时工作业绩很好的志愿者说：“工作中习惯了合作去完成任务，

这样的独自实现已经很多年没做过了，刚开始完全不知道从哪里开始，感觉有好多事需要做，而自己的精力却有限，一下子就感到紧张了。”

另一位平时工作不突出的志愿者说：“我在工作中不怎么愿意与他人合作，有时即便是合作也是马马虎虎的。但这次实验不一样，大家被分派在一起，共同完成一个任务，谁都逃避不了。我发现合作并不是困难的事，反而是很惬意的事，可以让一件原本看起来很难的工作在轻松的感觉中就完成了。因为大家相互依靠，这感觉本身就是让人轻松的。”

由此，莫泽得出结论：“在团队环境下工作的人，其精力的耗费要比独自完成工作的人，节省至少50%。”

二、怎样借助于团队的力量

（一）将个体疲劳转嫁到团队中进行稀释

Hillsong是澳大利亚一家知名教会，致力于将基督教音乐文化带入世俗。Hillsong以大众能接受的音乐形式做敬拜，如POP、Rock、R&B、Dance、Rap、Hip Hop等。

Hillsong的宗旨是像大家庭一样，包容并帮助其中的每一个人。原主唱皮特·威尔逊在未加入Hillsong前是独立音乐制作人，做出过很不错的音乐，但“独立于世”也让他感觉很疲惫，这份疲劳导致他渐渐失去了创造力。威尔逊说自己是“带着彷徨和迷茫加入了Hillsong，希望上帝能给我指引”，进来后发现大家都过得不轻松，因为彼此之间欠缺合作，各自做着各自的事情，虽然大家加入教会除了想帮助别人，也想做“轻松的人”，但却始终轻松不起来。

“我们加入教会的本意是要帮助别人，却连自己都感觉不到轻松，怎么能让被帮助者感到快乐？直到我们开始合作，一切都不一样了。”新主唱鲁本·摩根说。

摩根说的合作就如同工作中的合作一样，做每一件事情都不再是靠一人之力，而是靠大家的力量。一个人完成一件事会感到疲劳，一群人完成一件事却会感到快乐，因为每个人都不用耗费很大精力，事情却完成得很完美。因此威尔逊说：“后来我才意识到，不是我成就了团队，而是团队成就了我们每一个人。”

这就是团队的力量，一个优秀的团队将人们凝聚在一起，使彼此感到温暖，增加活力，做出更大的成绩。

（二）在团队中拓展新鲜领域

几年前，Hillsong 资深牧师马尔默·布莱恩开始带领团队实施一个新的“教堂服事”（人与人之间的互动行动）。新服事需要更多敬拜的人、乐师、歌手、演出者和电视团队参与，这意味着 Hillsong 团队必须成长壮大。

其实，在经营的公司里，如果开启一项新业务，也一定要引进新成员以扩大团队。

想一想，如果只是一个人，这种说改变就改变的情况就不太容易发生。因为要一个人抵御新鲜事物带来的不安全感，显然是非常困难的，所以大多数人都不愿意改变。但是，如果处在一个团队中就不一样了，团队拥有的是集体的力量，可以分担风险，这样一个人想要做出改变的动力就会增加。

第　六　章

超级记忆：把自己的大脑变成工作储存器

完成任何一项工作，都需要或多或少的知识储备和技能储备。大脑通过调动曾经积累的知识和经验，与需要完成的工作相匹配，再逐一完成。记忆能力越强，大脑里储存的知识和经验就越多，工作完成就越高效

第一节

超级记忆让你十倍阅读工作信息

一、什么是超级记忆

每个人都有记忆力，每个人也都会用到记忆力，但并不是所有人都知道记忆力的重要性。

其实，一提到记忆力，很多人就会定义为过时的“旧物”，认为今后的时代是“创造力”做主。如今网络发达，想要得到什么信息，上网搜索就可以了，还用记住吗？听起来是正确的理论，但如果我问：创造力是在什么基础上进行的？每用到一次就上网搜索一次吗？第一个问题有标准答案：创造力要建立在当下科技知识的基础上，而这些知识就是人们需要记住的。第二个问题有确定的答案，就是“NO”，去搜索是为了得到启示，然后通过启示得出我们想要的结论，这样的启示和结论也是需要记住的。

所以，那些认为在当今时代记忆力不再重要的看法是不正确的，是对记忆的严重误解。虽然明白了记忆力的重要性，但对记忆的理解却总是不够正确。通常情况下，一说到记忆，人们会立即联想到“死记硬背”，好像只有记住看到、听到、学到的，记忆就算完成了任务。于是，很多人每天忙碌于纸笔之间，开动大脑，想要尽可能记住更多东西。

有多少人获得成功了？答案是，很少很少的人。除非是天生具有超能力记忆的人，平常人是很难单纯通过“死记”和“硬背”让大脑存储大量东西的。所以，这样的记忆方式，我们称为“平常记忆”，是一种相当痛苦的记忆方式。

因此，我们要讲的是异于常规的“超级记忆”。这种记忆能力的核心就在“超级”上，不仅记忆的速度超级，记忆的数量也超级，记忆的质量更是超级。总之，当你学会了“超级记忆”后，你的记忆力将呈几何级的增长。如果将普通记忆比作一辆车，超级记忆就是超级跑车，一旦开起来，普通车连超级跑车的尾灯都看不见。差距就是如此悬殊，感觉如何？想不想领教一下！

不过，在进入“超级记忆”的世界之前，我们需要先了解两方面的内容，一方面是超级记忆对阅读的作用，另一方面是超级记忆对工作的作用。

之所以要单独提出这两项进行阐述，是因为记忆能力与工作具有极强的关联性，记忆力强的人会提升其工作能力，记忆力弱的人会降低其工作能力。

二、超级记忆的作用

（一）超级记忆开启超级阅读之旅

曾经看过一篇文章，文章的开篇这样说：“阅读是一种技能，但技能似乎与记忆无关！”

真的无关吗？文章接下来说：“实际上，诸如注意力、沟通能力、表达能力，甚至领导能力，都与记忆有着极大的关系。”其实，我们读书时，看起来读的是书，实际上读的却是书本内容与“自身记忆”之间发生的共鸣与反应。比如，现在您捧起一本书来读，也是在字、词、句的记忆活动中进行的。读着读着，突然想到“这个观点不是很好”时，这个想法本身并非无源之水，而是你自身的既有经验、知识结构、借鉴他人的成败事例及流行时势等相关信息，在记忆中相互联系、共同催生而成的。因此，你对记忆中的经验、知识、教训、事实掌握得越多，理解得越好，越有助于你快速地理解所读书的内容，并形成自己的观点。

（二）好记性引发工作“质”的飞跃

就在您阅读本书的这一刻，您是用什么来思考的？

在工作中拿出新的想法，您是用什么来思考的？

遇到难题想要解决时，您又是用什么来思考的？

有人回答“用大脑”。

那么，您的大脑里装的是什么？

“是知识！”

知识来源于哪里？

“被传授的经验和自己总结的经验。”

经验是如何积累的？

“是用记忆积累的。”

之所以要进行一连串的问答，主要是让大家明白，我们无论做什么，都在一直不停地动用着自己的“记忆”。也就是说，没有记忆，既无法思考，也不会产生新的想法，这就是记忆的力量。

我们在工作中，最需要的就是不断思考，以产生新想法。所以，只要理解了记忆的力量，并且不断增强这种力量，你的“工作能力”就会产生令人炫目的提升。这样一想就会明白，你“记忆”的量与质，会对你的工作产生很大影响。

总之，记忆能力在不知不觉地主导着个体的思考、情感和行动。如果你意识不到这一点，那么你每天的行动就被记忆制约了。反之，只要理解了记忆的运作原理，掌握了强大的记忆能力，你就有能力改变每一天的行动。我们的人生，是由一次又一次的行动累积而成的，所以只要有能力改变行动，就有能力改变人生（见图6－1）。

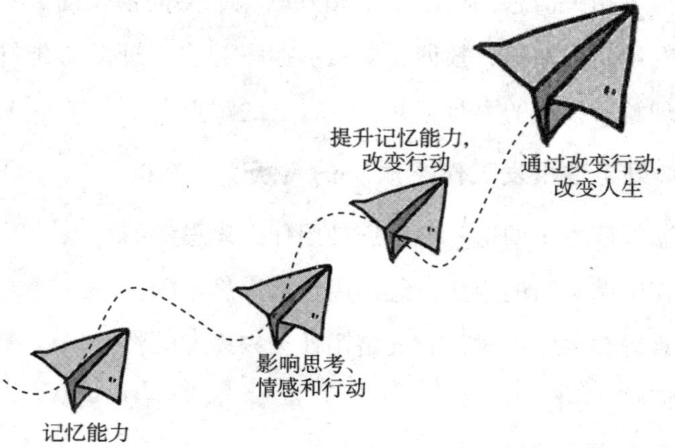

图6－1　记忆力与改变人生的关系

第二节

想象自己熟知的地方，对先天本能做训练

超级记忆可行吗?

这个问题不用回答，我们只需要知道，人类在经过短期培训后，是能够大幅度提升记忆能力的。

怎么会如此肯定?因为记忆是人类的先天本能，而且人类的大脑真的潜力无穷。

人类的大脑皮层由1000多亿个神经元构成，每个神经元之间通过2万多个突触的连接形成了错综复杂的网络，每个神经元都是接受体，同时也是发射体，可以想象神经之间的通讯是何等高速畅通。正是有了这样一个超级信息通道，人类才可以进行思维、感知和记忆。

人脑可以储存1000万亿个信息单位，即使每秒输入10个新的信息，一生中持续不断地输入，按寿命100岁计算，也不过3亿多个信息单位，所以人脑的容量堪称浩瀚无穷。因此，从大脑的容量、信息传递模式和潜力上讲，超级记忆是完全可行的。

一、经常观察，锻炼大脑的瞬间记忆力

达尔文曾评价自己说:“我既没有突出的理解力，也没有过人的机智，

但我有在众人之上对事物进行细致观察的能力。”

现代人体生物学、心理学和管理学等多类学术，都已经证实，观察力是大脑多种智能活动的一个基础能力，它是思维和记忆的基础。

如果把观察力运用在记忆的过程中，就好比把存款（记忆的材料）存入存款机（大脑）一样。大脑对材料储存得越多、越仔细，说明观察的能力越强，在记忆调用的时候作用越大。但是，每个人观察的能力、态度、方法、侧重点都不一样，所以得到的结果也不一样，导致形成的观点、结论也不一样（见图6－2）。

图6－2　影响观察的要素

为了培养自己敏锐的观察力，可以经常做一些小的练习，训练自己的观察力。生活中随时随地都有这样的机会，比如：

1. 走在街道、公园或旅游景点时，我们可以边走边说出周围花草树木的颜色或方位；

2. 当擦身而过的行人从自己视线里消失后，立刻回想对方的服饰特征和体态特征；

3. 在商场里，迅速把货架上的商品扫视一遍。出商场后，回想货架上的每一件物品。

二、在工作中随时加强记忆

锻炼记忆力的目的是为了帮助自己在工作中有更好的表现，取得更好的成绩。所以，我们也可以直接从工作入手，借助手边的工作锻炼自己的记忆力。

比如，A 是某 4S 店的销售人员，记忆力对他来说很重要，能记住的汽车类型越多，并且能详细介绍每款汽车的关键技术、零部件使用情况、内饰装潢等信息，就能很容易俘获客户的心。于是，A 在工作中尽可能地收集这些资料。在求实之后，尝试用自己的语言串联讲述出来。这个讲述的过程，就是加深记忆的过程。反复地练习后，A 的大脑中记录的内容就越来越多了。

我们只是举出一个个例，其实每个行业、每项工作都有独特的记忆锻炼机会，只要用心都能找到。我希望每一个在工作中努力拼搏的人，都能找到属于自己的记忆锻炼机会，来提升这项至关重要的能力。

第三节________

打破思维定式，一切从联想开始

一、什么是思维定式

法国生物学家克洛德·贝尔纳说过：“妨碍学习的最大障碍，并不是未知的东西，而是已知的东西。”

贝尔纳所说的“已知的东西”就是思维里惯有的东西，也就是思维定式。因此，对于想提高记忆力的人来说，一旦形成思维定式，就会极大地影响提升效果。因为人的学习和记忆能力均以联想为基础，知识经验越丰富，越容易建立联想，记忆力越容易提高。

运用联想一定会调用人现有的知识的经验，并建立广泛的相关性。如果知识和经验储存于思维定式中，调用出来也一定是有局限性的，这将不利于联想的充分建立，也就不利于记忆力的提高。当我们不再受思维定式的束缚后，就可以展开联想，为记忆插上飞翔的翅膀。

如今，只要谈到“超级记忆”就不能不谈到“联想”。因为联想与超级记忆之间有着非常密切的联系。记忆必须以联想为基础，而联想则是迅速提取已存信息的快捷键。

二、什么是联想

通俗地说，联想就是大脑中从一事物想到另一事物的心理活动。比如，看到昔日的照片，一幕幕往事浮现于眼前；由糖想到了甜蜜，进而想到幸福、爱情；由咖啡想到苦涩，又想到了失意、悲伤、痛苦。

有一次，我出神地看着台灯，想起了购买时的情景，导购员很热情，她脸上还有些雀斑……哈哈，我小时候逮过麻雀，没成功却磕破了腿……唉呀，我现在腿好像还疼呢，挺难受的……不过，我高中时踢球很厉害，是学校的足球健将，“她”还看我们踢球呢……她还向我借过课本呢……如今她在哪里呢？……我在不经意间运用了联想，由台灯→导购员→雀斑→麻雀→腿→腿疼→踢球→她→课本→思念……一连串的思绪便飘散开来。但我的这次练习是被动的，如果能变成主动的、有意识的为我的记忆服务，便可收获超级记忆的目的。

三、有哪些联想方法，能提高记忆力

（一）对应联想法

我们在工作中经常会遇到诸如下面的问题：张总后天下午三点过来；6 号楼 4 天以后要请监理进行检测……面对这些内容繁杂、出现概率较高，临时调整概率也高的问题，记忆起来出错的概率较大，就可以用“对应联想法”来解决。

“对应联想法”是指在两个记忆对象之间进行联想，使双方形成紧密的对应关系，达到提起一方就能马上想起另一方的记忆目的。

上面两个例子可以做如下对应：

张总后天下午 3：00 过来——联想为“张三”（“张”就是张总，“三”既表示后天，也表示 3：00）。6 号楼 4 天以后要请监理进行检测

——联想为“六四开”（“六”表示6号楼，“四”表示4天后，“开”就是打开检验）。怎么样，经过这样一番联想，事件与主体之间就建立了紧密的联系，有助于能够保持长时间的记忆。但是，对应联想法也有一些需要注意的（见图6－3）。

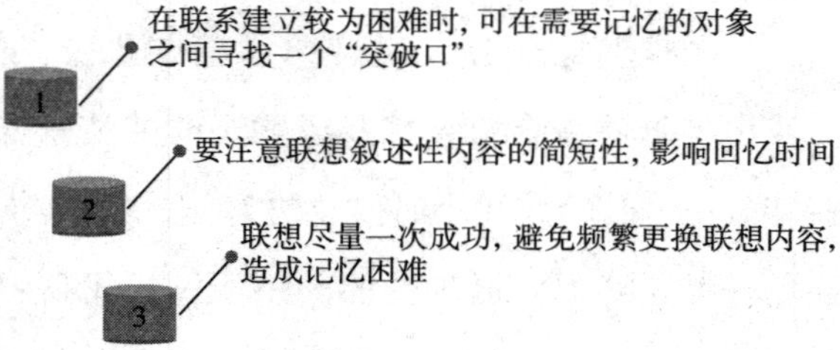

图6－3　“对应联想法”的注意事项

“对应联想法”的优缺点：

优点：简单灵活，方便快捷，有助于短时间内记住繁琐的事情。

缺点：应用范围不够广泛，遇有多层次、复杂的事件时往往力不从心。

（二）接近联想法

所谓“接近联想法”，是指想要记忆的对象在时间或空间上有比较接近的关系，因此能够建立起某种联系。用在工作中，就是一个人同时或先后经历的两件事情，或者这两件事情本身有关联，也或者没有相关，只是因为时间节点相近，导致在思想中互相关联、互相结合。当日后回想起其中一件事情时，另外一件事也会在脑海中浮现。

比如，A在三天前向上级汇报工作进展，受到了上级表扬，A高兴地回到自己的办公桌认真工作。中午时分，在其他同事休息时，他抓紧时间学习德语，那天学到的语法知识，记得非常牢固。之所以记忆牢固，不是因为被表扬激发了A的学习潜力，而是人总会不经意地想起好的回忆画面，被表扬就是好的回忆，想起被表扬的情景，就会联想到与那天相关的其他事情，学语法也是其中之一。

（三）类似联想法

“类似联想法”是指记忆对象之间在性质、成因、规律等方面存在相似性时运用的一种联想记忆方式。通过对象间的相似性建立联系点，从而达到由其中一件事物联想到另外一件事物的记忆目的。如果能够将记忆对象和我们自身体验过的事物联系起来，可以通过感知和回忆与其性质相似的事物，更好地反映出事物之间的相似性或共性，记忆的效果会更好。

例如，把“宁静”“肃静”“静谧”等表现安静含义的词语放在一起记忆，不仅能够帮助记忆，还可以使我们更好地辨别其差异。如果借鉴到工作和学习中，可以将有相似性的部分组合在一起，方便记忆，也方便调用。比如，学习一门外语时，可以通过阅读旅游性的文章来帮助加深记忆。

（四）对比联想法

“对比联想法”是记忆对象之间存在明显对立的特点，找出这些特点，并由此差异性展开联想记忆。

也就是说，当我们看到、听到或回忆起一个事物时，会马上想起与之相对的另外一个事物。在学习和工作中运用对比联想法，可以帮助我们更加全面地理解掌握知识和经验。

比如，地理知识中的气旋和反气旋，就属于对立状况。在记忆两者的气压分布状况、气流状况以及天气情况时，可以运用对比联想法，只要记住气旋或反气旋中的一种，便可以记住另外一种。运用到实际工作中，对比联想法也很重要。就像区分龙门吊和塔吊的功能一样，两者都是吊车（相通性），但适用的场合不同，功能也不一样（差异性）。龙门吊在轨道上搬运货物，因此起重量大，适用于低空作业；塔吊固定位置，不能来回移动，因此起重量较小，适用于高空行业。可以看到两者是对立的，只要记住其中一种，就可以记住另一种。

（五）夸张联想法

三千多年之前，古埃及人在《阿德·海莱谬》中记载：“我们每天面对的琐碎、司空见惯的小事，一般都记不住。而听到或见到的一些稀奇古怪的、丑恶的、惊人的、带有低级趣味的事，却都能够清楚记得并长期记忆。”

这段话很清楚地表明了一个事实：司空见惯的、习以为常的事情很容易从人们的记忆中漏掉，那些一反常态的、违背常理的事情却能令人印象深刻。因此“夸张联想法”渐渐被更多人接受了。在联想过程中，除了感官（视觉、听觉、嗅觉、触觉、味觉）感受外，还结合一些夸张、夸大、具有刺激性，甚至是违背常理逻辑的事物来帮助记忆。夸张联想法主要用于把零散的知识串联起来，以增强知识对我们的吸引力和刺激性，来加深记忆效果。

在使用夸张联想法进行记忆时，需要掌握三个要领（见图6-4）。

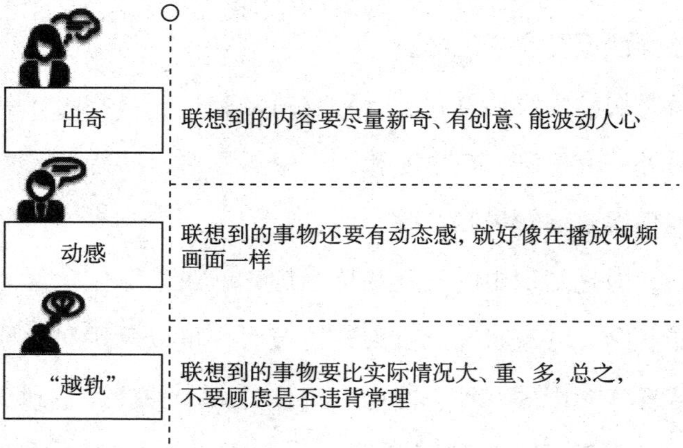

图6-4 夸张联想法的要领

第四节

三种超实用的定桩记忆

记忆有时候需要一定的辅助工具，帮助我们实现更优质的记忆效果。因为记忆不是实物型存在的，辅助工具也不采用实物，在此我们推荐“根桩”，也就是“定桩记忆”。在记忆的过程中，某个时刻打下“桩子”，这根“桩子”能够帮助我们增强记忆的效果。虽然提升记忆的方法有很多种，但能用到“定桩”的只有三种，分别是：数字定桩法、自测定桩法、比较定桩法。

一、数字定桩法

在记忆训练中，数字记忆训练是最常见，也是最重要的。为什么说数字记忆训练最重要呢？答案如图 6 –5 所示。

对于数字记忆的训练，日常生活和工作的环境都可以进行训练，比如记忆客户的电话号码、路上的车牌号码、商品采购价格等，可以用以下方法记忆。

1. 熟悉数字编码，将简单的数字转化成图片（见图 6 –6、图 6 –7）。
2. 寻找方法，即联想故事的方法。
3. 建立图片与图片之间的联系。

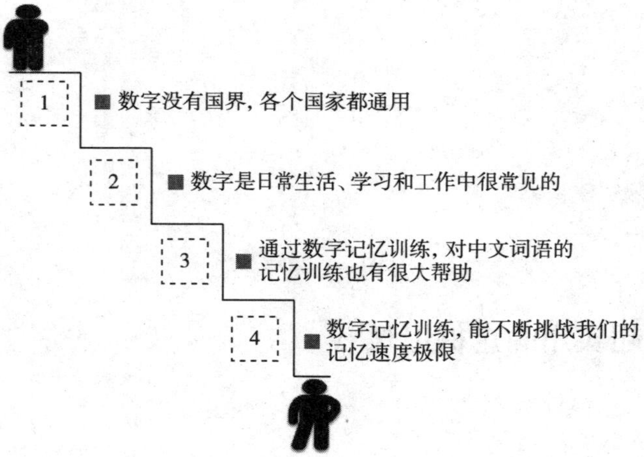

图6－5　数字记忆训练的重要意义

图6－6　记忆数字表（一）

说明一下：这两幅记忆数字表是根据我的记忆习惯排列的，而且我已经记住了这一百个小图所对应的数字。你也可以根据你的喜好制定属于你自己的记忆数字表。另外，图6－6中的01～09也表示1～9；图6－7中没有100，最后是00。

现在可以用客户的电话号码、路上的车牌号码、商品采购价格来试试

图6-7 记忆数字表（二）

这种方法了。

1. 速记客户的电话号码。

比如，A客户电话号码是13704971900。电话号码不用记忆“1”，其余的数字则是37、04、97、19、00。

我们不要去记忆37是飞机、04是跑步机、97是水龙头、19是下雨、00是椅子。而是要这样想：某人下飞机回到家，在跑步机上锻炼了一会儿，然后去洗手，不一会儿下起了雨，他坐在椅子上听雨声。

2. 速记客户的车牌号码。

比如，B客户的车牌号码是“京AW880”。车牌的所在地“京”不用记，然后字母可以按照A~Z的顺序转换为01~26的数字。后面的“880”可以拆分为“88和0”，也可以拆分为“08和80”。下面我用两种方式来记录这个车牌号，领略下这种记忆方法的变化：

第一种，该车牌的数字是01（男人）、23（闪电）、88（铁塔）、00（椅子）。

记忆如下：老板的行动都快如闪电，所以他们才能位于塔顶，坐拥财富。

第二种，该车牌的数字是01（男人）、23（闪电）、08（钱袋）、80（相机）。

记忆如下：老板都善于行动，所以赚到了钱，留下了自己的印记（来源于相机的联想）。

3. 速记商品采购价格。

记忆价格相对于电话号码和车牌号码更加简单了，不同之处就是会出现小数点，因此记忆时中间一定要用逗号分隔。

比如，某公司一共采购了三种商品，X商品花费73元，Y商品花费41.5元，Z商品花费276.7元。

X商品的数字只有一个73（眼镜），可以记忆为精挑细选才购买的。

Y商品的数字是41（鸟）和05（雷达），可以记忆为想寻找一只鸟，后来有了雷达帮忙（中间有逗号分隔）。

Z商品的数字有两种分隔方式，一种是27（房子）、06（警察）和07（握手），另一种是02（显示器）、76（网球）和07（握手）。我们采取更利于记忆的第一种，可以记忆为，在家里警察找上了门，原来只是误会，我们握手告别。

通过这三种方式，我们能够看到这种记忆的高效性和趣味性。或许一开始你对记住一百个小图有些抵触，但这只是熟能生巧就可以做到的。当你能够熟练运用这种记忆方式之后，就会觉得再难以割舍了。

二、自测定桩法

通过“自测”这两个字，就能明白这是一种通过自己测验自己来增强记忆的方法。之所以与“定桩”结合，是因为自测不能无缘无故或随时随地进行，而要在时间上有所限制，像打桩一样，到了时间就进行一次自测。

通过经常性的自测，我们能够更清楚地了解自己的“底数”，培养随机应变的能力。

在工作中，也常常会碰到这样或那样的棘手问题。如果经常运用自测记忆法，对所学知识从多方面理解消化，就能做到胸有成竹，临阵不慌，即使遇到出乎意料的问题，由于平时训练有素，也能予以妥善的处理。

具体来说，自测记忆有如下几种方式：

1. 定期自测。从时间上可分为“当日测”和“一周测”两种（见图6－8）。

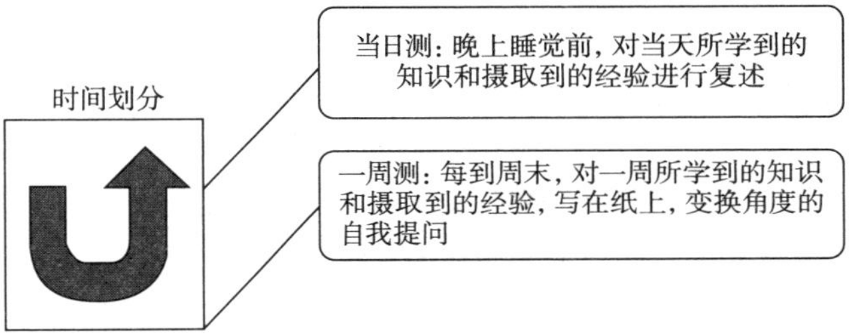

图6－8　定期自测的时间划分

从内容上可分为“小阶段测”“大阶段测”和“整体测”三种（见图6－9）。

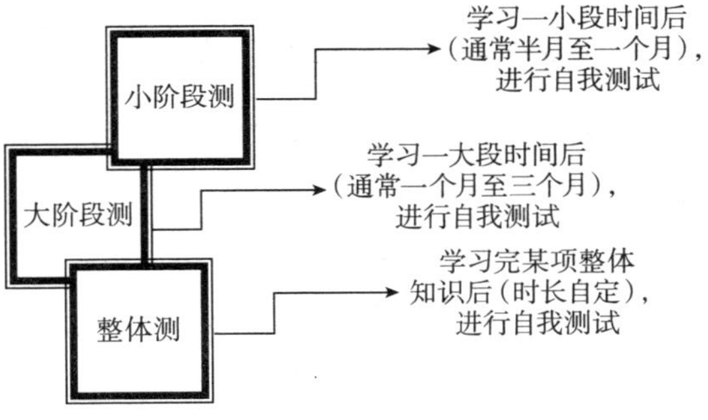

图6－9　定期自测的内容划分

2. 默写自测。默写比只看不写的记忆效果显著。这是因为默写时注意力高度集中，大脑思维活跃，更有助于记忆。

3. 进行自问自答测试。经常性地对自己提出多角度的问题，回答也要从多角度入手，如此会收到意想不到的效果。这种形式的自测能使人进一步明确学习的目的，找出学习的差距，弥补学习的不足，增强学习的兴趣，对增进记忆非常有益。

三、比较定桩法

有比较才有鉴别，不经过比较，就难以辨明事物的特性、事物的本质。因此，对相似而又不同的对象进行对比分析，弄清事物的相互关系及异同之处，再进行记忆，就是“比较定桩法”。

该方法的重要作用主要表现在三个方面（见图6－10）。

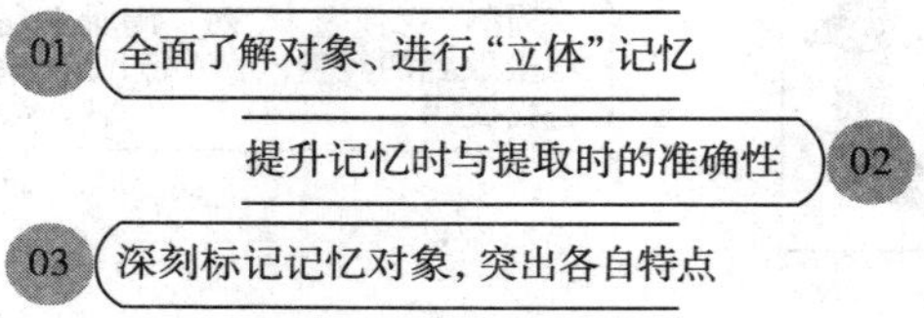

图6－10　“比较定桩法”的重要作用

“比较定桩法”的基本比较方式有两种：一是同中求异，在记忆对象的共同点之外找出他们各自的不同点；二是异中求同，在记忆对象的不同点外找出它们的相同点或相似点。但无论采用哪种方式进行比较，都不能只停留在记忆对象的表面现象上，应着眼于它们的本质属性，抓住细微的特征进行比较记忆。

第五节

训练、训练、再训练，弥补先天不足

记忆是人类的本性，任何人只要经过短期培训，记忆能力都会大幅度提高。为了让自己的记忆能力持续增长，就需要不断地进行训练，而且最好运用多种方式训练自己。这是因为人类的大脑潜力巨大，能够容纳的信息量和学习方法无穷尽，如果只用一种方式提高自己，反而会束缚大脑潜力的开发。因此，为了更大限度地开发大脑的记忆潜力，我们需要运用更多的方法不断训练自己。

下面，介绍几种非常有效的记忆训练方法，分别是间隔记忆法、系统记忆法、争论记忆法。

一、间隔记忆法

间隔记忆法又叫“分布记忆法”或“重视头尾记忆法”，是把不同性质的记忆对象按时间分配，交替进行记忆的方法。这种方法对长时间学习单一知识或技能而产生的枯燥心理进而导致记忆下降有很强的化解作用。其实这种枯燥心理的根源是“后遗抑制”和“倒摄抑制”。在记忆过程中，先记忆的事物对后记忆的事物会产生抑制作用，叫“后遗抑制”；后记忆的事物也会对先记忆的事物产生抑制作用，叫“倒摄抑制”。比如，记忆序列为“A B C D E F G H I J K L M N”。开头的“A”和结尾“N”只受单项抑制，而中间的“B～M”则受双向抑制，而且越趋向中间，受到的抑制越强烈。为了降低这种抑制，可以采用间隔记忆法，也就是把现有的记忆序列打断，进行分段，让开头和结尾增多，中间部分减少。

我曾做过实验：背下来两篇长度和难度都相近的材料。记忆第一篇材料时，一天至少读30遍，连续读了7天，才算勉强记住。记忆第二篇材料时，先将材料分割成数段，每天只反复读几段，三天就全部背出了。可见，这种“分而治之”的方法很有效，可以充分利用开头和结尾，减少记忆的困难部分——中间，能够显著提升记忆能力。

现在，总结一下在什么时候运用“间隔记忆法”最有作用（见图6－11）。

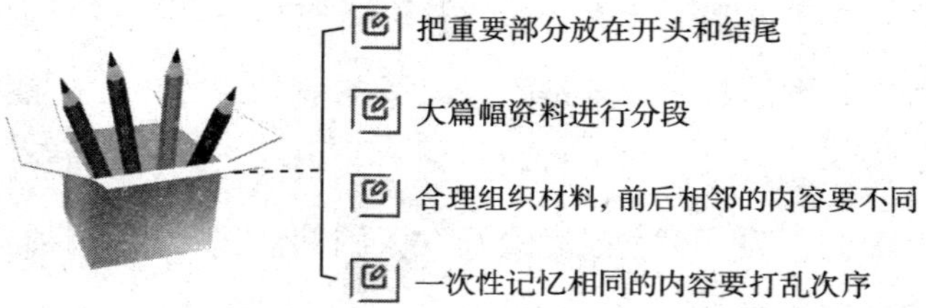

图6－11 “间隔记忆法”的运用

二、系统记忆法

按照科学知识的系统性，把知识顺理成章地编织成网，如此记忆就不是单独的，而是连串的，这样的记忆方式就是“系统记忆法”。

分散的、片断的知识总是很难记住，即便记住了，保持的时间也不长久。因此，要把知识条理化，系统化，让它们在大脑里留下深刻的印记。

比如，一个文化程度不高的人进入技工领域，要从头学起，他要如何记忆圆形、扇形、弓形的面积公式呢？可以这样记忆：利用这三种形状的关系——扇形是圆形的一部分，弓形又是扇形的一部分。把三种图形面积的公式串起来试试，记忆就容易了很多。

三、争论记忆法

争论记忆法，顾名思义，是通过与别人对记忆对象进行争论来强化记忆的方法。

在进行争论时，双方都全神贯注，一面听取对方的意见，分析正误，找到突破；一面积极思维，评论对方观点，阐述自己的观点。这种情况下，信息将反复输入大脑，留下相当深刻的印象。

在了解“争论记忆法”的好处前，先要明白该方法的注意事项（见图6－12）。

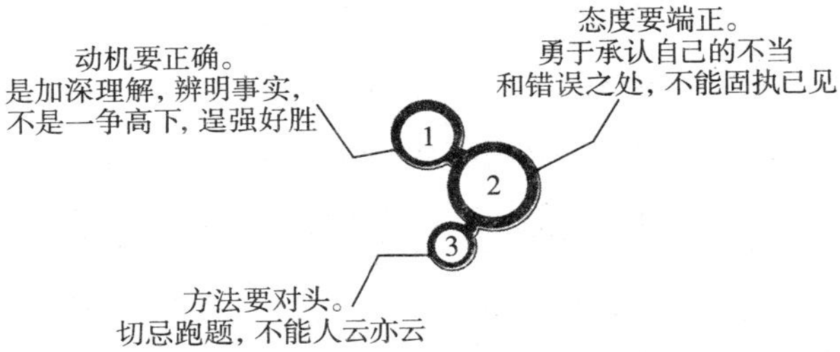

图6－12　运用“争论记忆法”的注意事项

下面，来看看“争论记忆法”的好处：

（1）帮助检查记忆的准确性。通过争论，错误的记忆得以暴露，得到纠正，从而形成正确的记忆。而正确的记忆也得到了检验和应用，被巩固和强化了。

（2）使争论的双方开阔视野，拓宽思路。在争论中，由于注意力高度集中，无论是听到新观点，还是发现新论据；无论是自己的观点被认可，还是被对立观点说服了自己，对自己的知识结构和记忆成果都是一种强刺激，能够留下深刻的印象。

第六节

打造属于自己的记忆宫殿

一次，西摩尼得斯去参加宴会，突然大厅坍塌了，宾客被埋在废墟中。西摩尼得斯恰好有事离开一会儿，因此成了坍塌事故的唯一幸存者。为了协助分辨死者，西摩尼得斯根据大厅里不同的位置去联想之前身处这一位置上的人。令人意想不到的是，他竟然回忆出了所有位置上的人。

西摩尼得斯由此得到启发，创立了“宫殿记忆法”。只要能熟练地掌握该方法，在记忆的时候就会如鱼得水。下面是运用记忆宫殿法的四个步骤。

一、选择你的“宫殿”

“记忆宫殿”只是一个暗喻，象征任何我们熟悉的、能够轻易想起来的地方。可以是家里，可以是公司，可以是每天上班的路线。

因为熟悉，所以方便储存和调取任何信息。有效性取决于你的脑海中能轻易地再现这个熟悉的地方，并能够用精神的“眼睛”在其中任意漫步。

最初较好的选择就是家里，因为家永远是最熟悉的地方，对这个地方的细节再现的越鲜明，就能记忆的越有效。接下来，试着在你的“宫殿里

（家里）”确定一条特别的路线，尝试着记住这条线路上的所有物品。这需要你运用想象能力，对家做一次详尽的“巡视”，争取做到按次序回想起物品。

对“记忆宫殿”的选择，还有可以采取的路线（见图6－13）。

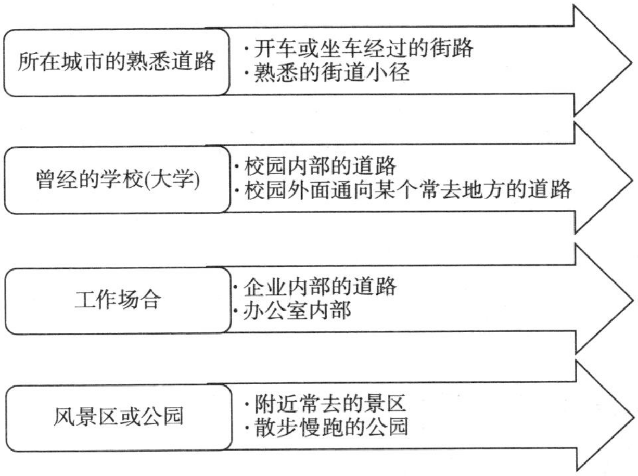

图6－13　“记忆宫殿”的路线选择

二、列出“宫殿”中明显的特征物

现在你需要注意所选场所里的明显的特征物。这些固定的特征物的设定有助于记忆精确性的确立。比如，你选择的是家里，大门应该设定为第一个特征物。接下来继续在你的“记忆宫殿”里做虚拟漫步。进门之后，仔细观看第一个房间里有什么，然后系统地分解这个房间（可以确定一个标准程序，比如总是从左看到右，或者总是从近向远看），什么是下一个引起你注意的特征物？可以是客厅进门处的鞋柜，或者是门旁边的一张画。然后向内观看，引起注意的可能是一张餐桌……就这样一边走一边继续在头脑中记录其他的特征物。它们中的每一个都将成为一个“记忆槽”，随后你可以借助这些“记忆槽”来储存特定信息。

三、“宫殿”与所要记忆的对象之间建立联系

首先，要让选定的地方或者路线百分之百地印在你的头脑中。

其次，通过形象化的联想起作用。过程很简单：你选择一个已知的图像——称为“记忆挂钩”——和你想记住的这些要素结合起来。其实，一个“记忆挂钩”就是我们“记忆宫殿”里的一个明显的特征物。

最后，要明确形象化联想的正确方式：疯狂的、滑稽的、炫目的、高调的、生动的、荒诞的、令人惊讶的、不同寻常的、超凡脱俗的……总之，就是那些一下子就容易被记住的东西，一定不能乏味。比如，家中（宫殿）客厅里的沙发（特征物）可以记忆成疯狂的（形象化联想）。

四、场景重演，参观你的“宫殿”

到了最后一个步骤，你已经能够初步掌握这种记忆方法了。但如果你是个新手，可能还不熟练，必须不断做复习。至少要把行程在头脑中多演练几次，路线从出发时到结束时，注意设定的特征物，并在脑中重演场景。当你的行程结束后，要转过身从反方向走回出发点，这种方式能够加倍增强记忆效果。

如果真正掌握这种方法后，就可以随时参观你的“记忆宫殿”了。比如，你从同样的地方开始并遵循同样的路线，每当你看到途中选定的特征物时，与特定物有关联记忆的东西就会瞬间浮现。

第七节

善用小技巧，记忆训练效果加倍再加倍

本章前面几节介绍了一些非常重要和非常有用的记忆方法。由于文化差异和个人习惯的不同，从古至今，关于提升记忆力的方法有很多种，经过不断的证明和改进，有一些方法得到了广泛认可，成为全世界人们锻炼记忆力的重点方法。在本章最后一节，再为大家奉上几个经典的训练记忆力的方法。

一、限时强记法

这个方法运用到人的潜能。

任何人的潜能都是无限的，记忆方面尤其如此。为了将记忆的潜能激发出来，我们需要逼自己一下。比如，和别人打赌，在规定的时间内背诵一些数字、人名、单词等。

曾经一位自称记忆力很不好的人，经过这样的训练，如今博闻强记方面的能力可谓超强。起初他经常逼自己，比如在两分钟内背诵 10 个陌生的人名，在 10 分钟内背诵 20 个英语单词，在 10 分钟内背诵 10 个外国的一级行政区域。

在工作中，限时强记法也非常有用。就像一位新上岗的导游，第一次亲自带领一个30人的旅游团，那么就要在最短时间内记住团员的名字，以及团员之间的相互关系（夫妻、亲属、朋友）。如果日常有过强记法的训练，遇到这种情况记忆起来就不会有问题，否则难免会力不从心。

二、精细回忆法

我们在平时的工作和生活中，或主动或被动地记忆了很多东西，但一直是只去记忆，很少回忆。时间久了，就会导致记忆的东西越来越多，却从来“不复习”，渐渐地，旧有的记忆就会模糊，还会干扰新进的记忆，发生混乱。所以，想要记忆更清晰，就要时常去回忆，并且尽可能做到精细。

比如：回忆一个你非常熟悉的房间。想一想房间里都有什么，门窗朝哪开，家具都摆放在哪里，墙上挂有哪些装饰品，暖气片和电灯开关在什么地方，屋内有什么小装饰品，分别放在什么位置。

记忆是开始，回忆要跟上。只有不断让回忆扫过记忆，记忆的东西才能更加清晰和不容易忘记。

三、积极暗示法

这种方法不是针对性的训练，而是一种心理上的暗示。就像很多心理问题一样，记忆力不好的人，更多时候未必真的是“脑子不好”，而只是信心不足。比如，面对一份要记住的材料，有些人会想：“这简单，回去看看，背一背就行了。”有些人却想：“这也太多了，太难记了吧！我也记不住啊！”前者就是记忆信心强的人，后者就是记忆信心不足的人，很显然后者的心态就会阻碍记忆力提高。

美国社会心理学家利昂·费斯廷格说：“凡是记忆力强的人，都必须对自己的记忆充满信心。”因此，要想树立起记忆的信心就要进行积极的自我暗示，可以分为两种情况，一种是直发式积极暗示，可以经常在心中默念，“我一定能记住”“就这些我绝对能记住”“我记住这些简直小菜一碟”。另一种是挫折式积极暗示，当你对能否记住缺乏信心时，或者当下的记忆遭遇挫折时，可以回忆自己过去的成功经验，就像“我曾经一分钟记住了 20 个单词”，“当初老板直接跟我说了 7 个人名，我一下子就记住了”，等等。当这些良好的记忆形象再次浮现时，会增强你“一定能记住”的信心。

第七章

关键沟通：信息传递错误是工作灾难的开始

工作离不开沟通。我们不能指望一个错误的信息会带给我们正确的指令，也不能指望一个偏离目标的沟通有利于工作的完成。沟通的顺畅和正确程度，决定了工作完成的顺利程度

第一节

会沟通的人，工作效率都很高

沟通是非常重要的！生活中，80%的矛盾冲突是因为沟通不到位导致的；工作中，也有不少于75%的停滞和问题是因为沟通不畅导致的。因此，管理学领域的专家总结出一个著名的“双50理论”，即职业经理人50%以上的时间用在了沟通上，如指示、评估、开会、谈判，可是工作中的50%以上的障碍还是发生在沟通的过程中（见图7-1）。

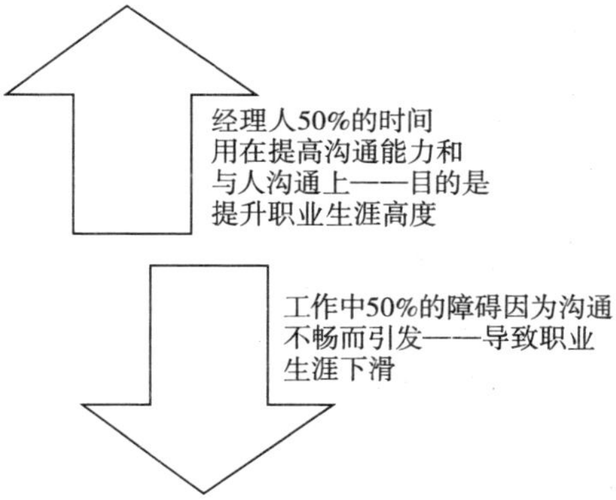

图7-1　“双50理论”图示

哈佛大学就业指导小组2018年的调查结果显示：在5000名被解职的职场男女中，因人际沟通不良而导致工作不称职者占到72%。这份调查结果印证了美国普林斯顿大学的一项历时20年的研究：该大学对一万份人事档案进行分析，发现“智慧”“专业技术”和“经验”只占成功因素的25%，其余75%由良好的人际沟通能力决定。

生活和工作中因为沟通不畅而导致的障碍随处可见，是不是这些人不懂得沟通或者没有重视沟通呢？显然不是。职业经理人的能力库中一项重要的能力就是沟通，职场人士的沟通也必不可少。可是，各类理论和研究表明，依然有很多失败是因为沟通不畅导致的。因此，在管理学领域里，将“沟”而不“通”的现象称为“无效沟通”，也叫“低品质沟通”。显然，当事人进行沟通了，可想要借助沟通达成的效果并未实现，沟通没有成效。

如果将沟通认为是“人与人之间的谈话”，这样的沟通几乎可以断定为无效。谈话只是人与人之间思维观念和理由想法的最原始的接触方式，不能称为沟通，仅可以概括为“只讲过程，不管效果”。但在工作中，这种无效沟通对于工作的效率有着严重的影响。最明显的表现就是产生矛盾，因为没有将观点沟通清楚，导致沟通的双方产生矛盾。如果仍然沟通不明白，工作就会由矛盾向冲突发展。就像NBA球队老板丹尼尔·吉尔伯特所说：“10%的冲突是由于不同的观点，而90%的冲突是因为表达方式、语音和语调。”

当对方因为没有理解我们的观点必须进一步解释时，势必会影响工作效率。而且解释的时间越长，工作耽误的就越多。如果最终无法解释清楚，工作的进度将无法进行下去。这就是沟通与工作的关系，沟通顺畅，工作就高效；沟通不顺畅，工作就低效。

那么，什么才是有效的沟通呢？有效的沟通是要实现真正的交流，不是言语的交流，而是心灵的交流。有效的沟通必须需要达成四个目标：被接收、被理解、被接受、使对方采取行动。被接收指自己的观点被对方听到或读到。被理解指传达出去的信息被接收者真正的由心所感悟。被接受指理解是第一步，接受是第二步，实现了逐步改变对方态度的目的。使对方采取行动指最终的目的是改变对方的行为。只要没有达到其中任何一个目标，沟通就不能称为有效。如何才能达到沟通的四个目标呢？需要从决定沟通成效的五个方面着手：

第一，对方为什么愿意同我们沟通？这是沟通的原因。

第二，对方是否接收到我们发出的讯息？涉及沟通渠道的选择。

第三，对方是否理解我们的意思？涉及表达是否准确和清晰。

第四，对方是否接受我们的观点？不仅取决于沟通的立场和语言，也取决于对方原有的看法，思维与价值观等因素。

第五，对方接受了之后，是否愿意采取后续行动？最为关键的一步，是否能让对方放弃原有的想法。

总之，有效沟通就是围绕这几个目标展开。想要提升工作效率，势必要提升沟通能力，这是确保工作顺利进行的基础。

第二节

沟通前，要先把“沟通漏斗”堵住

一、什么是“沟通漏斗”

沟通为什么经常“沟”而不“通”？原因就是沟通漏斗在作祟。所谓“沟通漏斗”，是指工作中沟通效率逐渐下降的一种现象（见图7-2）。任何工作都不是只靠一个人就能完成的，需要与他人进行合作，合作的过程就需要沟通，但“沟通漏斗”又时常会出现。

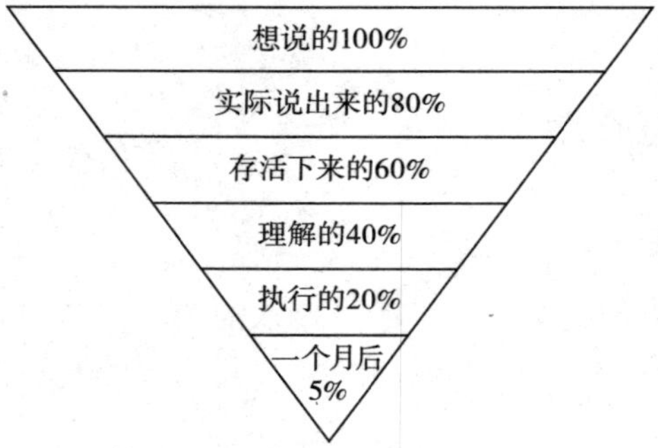

图7-2 “沟通漏斗”图示

如果将一个人的想法定义为100%，当在众人面前用语言表达这100%时，无法都表达出来，漏掉20%，说出来的只剩下80%。但听者因为受到文化水平、知识背景、理解差异等原因，只暂时存活了60%。而实际上真正被理解和消化的大概只有40%。等到该执行人遵照领悟到的40%开始执行时，只剩下20%了。如果执行需要长时间完成，因所获取的信息不断衰减，最后可能只剩下5%了。可见，从想要进行沟通的人形成具体想法开始，到表达出来，再到接受意见者的具体执行，传递出去的信息量在急剧缩减。因此，我们有理由怀疑，最终执行完成的结果还是否符合管理者想要的结果。

其实，在日常工作和生活中，我们会常受到“沟通漏斗”的困扰。你以为已经把事情表达得很清楚了，对方感觉也听明白了，但对方通过言语或行为反馈回来的，却与你的想法有不小的出入甚至大相径庭，这就是为什么很多人经常能听到一句话“我以为你说的是……”。正因如此，我们必须堵住沟通漏斗，尽可能降低它对我们的影响。

二、堵住沟通漏斗的五个有效办法

（一）表达时必须保证结构清晰，经常总结

很多人在沟通时，因为急于要表达自己的观点，而习惯性地长篇大论，一口气说几百个字。此时的听者，往往会听了后面的忘了前面的，听到最后的时候，已经是状态朦胧了。还有一种情况，沟通者的表达缺少重点，开始时说的是A，中途拐到了B，然后又说到了C，最后又聊回到了A。如果沟通结构不够清晰，一定会导致沟通结果的混乱无效。现在教授大家组织沟通结构的流程（见图7-3）。

首先，明确表达的目的。是要说服对方改变观点，还是要解释一个复杂概念？不同的目的，沟通的表达结构是不一样的。

其次，表达的核心观点要清晰，并为此不断提供佐证。这里有一个技巧，就是先抛出观点，然后根据观点组织内容，服务于这个观点。

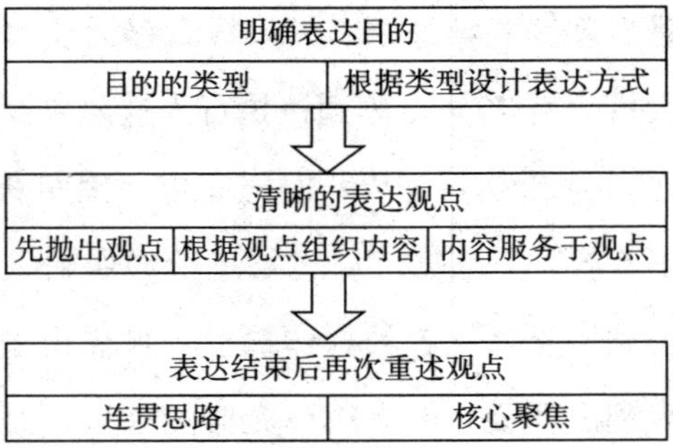

图 7－3　沟通结构的组成

最后，表达结束之后，再次重述核心观点。能够帮助听者重整思路，保证思路的清晰度和连贯性，让听者将思考的核心聚焦到表达者所阐述的核心内容上。

（二）观点最好保持在三个左右

表达者的观点保持在三个左右，是心理学界和管理学界的共识。相关的研究表明，三个观点是人们记忆的最佳数量。而且，三项观点能够最大限度地激起人们思考的欲望，还不至于让人感到烦累。当然，不可能任何表达的观点都要保持在三个。不够三个，两个也可以；超过三个，四个、五个也可以。但要尽量围绕在三个左右，如果想要表达的观点达到了六七个甚至更多，就需要进行浓缩、合并。比如，某公司老板想对当下工作状况进行改善，交代助理给出基础办法。助理忙活了一上午，整理出八条观点。老板看后认为相当不错，但观点有重复性，也不够简练，进行了一番精简后，变成了三项规定，向全公司下发。

（三）倾听时多问几个“为什么”

很多人认为，沟通是表达者的事情，倾听的只要开放两只耳朵就行了。事实真的是这样吗？

现在，有 A 和 B 两个人在针对工作的问题进行沟通。在旁观者来看，A 作为表达方，已经说得相当清楚了，但 B 却没有听明白，还是一头雾水。对于这样的状况我们不会陌生吧？对于沟通不能顺畅进行的问题，表达方并非要承担百分之百的责任，倾听者也负有一定责任。那么，作为倾听的一方，需要怎样做才能进一步确保沟通顺畅呢？有人曾这样对我说："如果你觉得自己并非一点就透的人，那么最好多问问'为什么'"。在沟通中多问为什么，就避免了沟通过程中的"想当然"，也就是在没有了解表达者背后的出发点时，你所理解的不一定是对的。所以，要在倾听的时候养成多问"为什么"的习惯。

（四）沟通过程中不断确认反馈

除了多问"为什么"，还要进行其他的反馈。比如当表达者表达完一段内容时，作为倾听的一方，可以简单给予反馈，比如点头说"嗯""明白"，表示听懂了，或者简略复述对方的意思："你指的是……，我理解的对吗"，或者有不清楚的地方直接问"你说的……我没太明白""我不懂你刚刚说的意思"。

总之，原则就是必须要明白对方所要表达的，决不能不懂装懂。这种确认式的反馈可以有效帮助沟通的双方统一思想，让倾听者在做正式思考前有一大段思考的时间。

（五）重要内容以文字形式确认

如果沟通中涉及重要内容或接下来的行动时，仅仅是口头的表达很容易产生漏洞。一个好的方法是，在沟通的过程中或者沟通结束后，将沟通的内容或接下来的行动，在提炼整理之后，以文字的形式记录下来。或者用邮件，或者用微信，或者用一张纸写上，总之将观点形成文字，可以提醒自己记清楚沟通的结论性观点，这样就彻底避免了沟通漏斗的产生。而且能在执行时扶正执行方向，纠正执行中的偏差，还可以用作留档，以便在关键时候调用。

第三节

有效沟通永远都是双向的

一、什么是双向沟通理论

沟通是单向的还是双向的？乍一看到这个问题，或许你会有些发蒙。但如果换一种问法，沟通是一方行为，还是两方行为？这样就容易回答了，当然是两方行为。要在双方之间进行沟通互动，这就是沟通中的“双向沟通理论”的通俗解释。

其实，转换成常规的理解，沟通就是“听”与“说”的双向过程，伴随着听与说的能力。沟通可以从“说”开始，也可以从“听”开始。

当我们是表达方时，希望对方能认真倾听，同时在适当的时候给予回应，或是赞同，或是疑问，或是反对，反馈就有了进一步交流的可能。同理，在对方表达时，也希望我们能认真倾听，并能在适当的时候给予回应。

“听”与“说”总是看似很容易，但如何做到说好，如何做到听好，却并不容易。说不好会导致沟通不畅，听的不好也会导致沟通失败。

二、怎样做才算是双向沟通

（一）放下各种不该有的心理才能“说对话”

对于语言信息或非语言信息，不同的人会有不同的诠释，即便是同一个人在身处不同的时间和情境时，也对语言的诠释会有所不同。因此，要想说对话，不能以自身的感受为主，而要以对方的感受为主，注意自己表达时的态度。

第一，放下成见去沟通。

有了成见就会形成主观意识偏差，会偏听偏信、偏说偏讲，这是非常错误的一种态度。如果在沟通之前已经有了对人或对事的成见，在讲话时很容易带出来对某一方面的偏颇，如果对方恰恰持相反意见，沟通将无法进行。因此，必须要放下内心的所有成见去跟别人沟通。

第二，放下经验去沟通。

我们都有向过去要经验的心理，尤其在比较麻烦的状况来临时，就会假设眼前的情境与某个曾经遇到过的情境类似，然后就会在曾经的情境中寻找想要的答案。

这种假设有时是有帮助的，有时是有危险性的。这种危险就潜藏在你的预期中：如果完全按照以前的经验，往往会形成先入为主的想法，这种想法会破坏大脑对新事物的判断力。因此，在沟通中还是要尽量放下经验，用沟通的方法尝试去获得对事物新的解读，毕竟沟通的作用是迎新而不是守旧。

第三，放下猜疑心理去沟通。

在与人沟通时，我们总会有“逢人且说三分话”的心理，决不会向对方吐露全部所思所想。这样的想法在日常沟通中可以适用，但在工作中，若是以不信任的心理去沟通，一定不会有好的效果。工作要讲求时效性和正确性，是不涉及个人情感的场合，任何人在沟通中的“知而不言”都会影响效果。不要不相信某人的能力，也不要去怀疑他人的心理，一切目标都是为了提高工作效率。因此，工作的沟通要做到，遇到不懂得的、不了解的就多提出疑问，然后认真听取对方的解答，若有不解就再问，相互间解答疑问，最终达成共识是沟通的目的。

第四，放下焦急情绪去沟通。

沟通时希望他人尽快地明白、理解、接受是每个人都有的需求，有些人只说几句话之后，就问对方“我说的你明白吗?”，对方如果回答“不明白”或“明白了，但不同意”，表达者就会像炸药一样爆发。接下来是更加急切地向对方阐述，态度愈发激烈，若仍然没能让对方同意自己的观点，表达者的语气会愈发强横，手势愈发“威武”。但沟通想要达到好的效果，永远不是靠“气势”压人，而要靠理由服人。因此，沟通中非常忌讳焦急情绪，一旦心里起了急，沟通必定失败。

（二）六个方法帮助你“听对话”

第一，以积极的态度准备倾听。

不要认为倾听是被动的，其实正相反，倾听是主动的行为。比如，午休时候，A 对 B 说：“喂，我想跟你说下今天工作上的事。”B 没有抬头，一边玩手机一边回答：“好。”这时 A 会是怎样的心情？一定没有了准备沟通交流的动力，或许就不再沟通了。但如果 B 听到后，放下手机，很正式地看着 A，并说：“好，我们交流一下。”这时的 A 一定充满了要交流的欲望，会知无不言。而且，如果倾听的 B 再对 A 的表述回馈一认真或认可的态度，对 A 会更有刺激作用，彼此沟通会进行得更加顺畅。

第二，要听出重点。

不好的倾听者通常只会听到所沟通事件的表面部分，至于表达者内在想要表达的观点则听不出来。俗话说“锣鼓听音”，如果不能听出表达者想要表达的重点，沟通是没有意义的。比如，某公司员工在过年休假期间向老板请假到元宵节，但过了节该员工仍没有返回上班。老板在QQ上对该员工说："你是不是还想继续延长假期呢?"这句话表面好像是老板允许员工继续请假，实则是对员工私自延长假期表达不满。

第三，学会批判性倾听。

有些人用"老好人"的心态与别人沟通，也就是别人说什么，他们都赞同和认可。"老好人"们会认为自己的这种状态能得到别人的欢迎，但现实却并非如此。因为倾听者这样表现，很容易会让表达者产生其话语得到敷衍的感受，以致不高兴。

所以，倾听者对说话者提出的假设与理由应该带着中立而批判的态度，仔细衡量各种证据的价值与主题背后的逻辑基础，然后适时表示自己的看法。不过话说回来，批判也要适度和适量，千万不能对方说一句，倾听者就反驳一句，如此沟通也无法顺畅。

第四，避免分心和插嘴。

在任何时候，人的注意力总是变化起伏的，因此总是专注困难，容易分心。但与人沟通时，切记不能分心。有人会觉得这很难做到，听别人表达，自己也需要思考啊！思考是必要的，但总要控制思维不能天马行空。因为当倾听者神游了，表达者是能看出来的。试问：谁愿意与神不在位的人沟通？

除了控制思维，还要控制住嘴巴。有些人与人交谈时总是随意插嘴，甚至别人还没表达完，他就开说了，这很招人讨厌。比如，某公司有位女员工A非常愿意插话，一天另一位员工讲起自己家乡过年的风俗，A听到后立即插话说起了自己家乡过年的风俗。好不容易等到A说完了，那位员工想接着说，可没说上几个字，A又一次插嘴。就这样A反反复复地插嘴，搅合别人无法把话讲完，只好日后对她采取敬而远之的态度。

如果你喜欢与人沟通时插嘴，那么就从这一刻开始改掉这个毛病。只要记住一点，不论有多少话想说，无论对方说得多么不正确，在对方还未表达完之前切记不能插嘴。对方说错了，是对方学识不够；你插嘴，就是你修养不足。

第五，能够积极回应。

在倾听过程中，不仅要保持认真的状态，还要用多种方式鼓励表达者，比如“嗯”“对”“是的”“明白”“记住了”，或点头确认，或重复对方上一句话等。这样做有三点好处（见图7－4）。

图7－4　沟通时积极回应的好处

第六，练习做笔记。

一提到做笔记，总会给人古老、守旧、不入时的感觉。尤其是年轻人，一听到做笔记，经常会投来不屑的表情。而且当着别人的面做笔记，好像是一种很让自己没面子的行为。还有一点，也会阻碍一些人做笔记，就是怕书写的速度跟不上对方表达的速度，那样不是很尴尬吗！

其实，根本不需要顾虑这些。首先，很多大人物一直没有丢下做笔记的方法，所以这根本不守旧也不丢人，反而是一项非常好的习惯。其次，做笔记不是要将对方说的每一个字都记下来，只记重点就可以了。总之，做笔记不仅对自己有好处，对对方也是一种很好的反馈表现。

第四节

沟通要有针对性，一招不能走天下

我们都知道工作不能“一招鲜”，那样根本无法“吃遍天”，毕竟工作中经常会出现各种各样的问题、困难、冲突，需要采用不同的方法去解决。

与人沟通也是相同的道理，不能只用一种沟通模式，就想与所有人进行交流，那是不现实的。一个人要能根据不同的情况、不同的地点、不同的人物进行“多样性”的与人沟通。

一、沟通多样性需掌握的原则

1. 注意观察他人。说话要看对方，要根据对方的不同情况来确定自己说话的方向。如果对方是一个豪爽的人，那你说话就应该豪爽一点；如果对方是一个内敛的人，那你说话就应该含蓄一点。

2. 注意观察周围情况。说话要看周边情况，要能恰当地和当时的情景融合到一起，避免说出不合时宜的话来。

二、沟通中需要记住的忠告

（一）了解听者背景和心理，选择合适的方式

心理学家研究证明，我们与别人交谈时，对方的心理活动大概有七

种：揣测心理、防御心理、失望心理、恐惧心理、对立心理、喜悦心理、期盼心理，这些心理状态时刻都在影响听者的倾听质量，也左右着表达者的说话方式。

那么，对方心理状态的形成，一部分是源自天生性格，另一部分是源自当时的沟通环境。因此，只有将这两点结合起来，综合考虑，做到在与人沟通之前对听者背景有一定了解，也对听者心理有一定探究之后，再选择合适的沟通方式。

一位化学家受邀参加学术讨论会，与会的都是领域内有名望的专家，讨论过程严肃，探讨也很激励。三天后，化学家去参加老同学聚会。大家聊到了化学家参加学术探讨的事情，希望他给讲讲。化学家看着老同学们，虽然各有成就，但对化学都是门外汉，他怕大家听了以后觉得没劲，就笑着说："今天是老同学聚会，太学术的东西会不会影响大家的兴致啊?"大家纷纷摇头，表示不会，化学家又说："这次讨论的是化学元素周期变化的问题，我用通俗的语言简单介绍一下，化学元素好比我们吃的食物，随着时间的转变而发生变化……"

化学家就用了见什么人说什么话的沟通方式。首先，他知道听者都是听不懂专业术语的人；其次，他先用询问的方式，搞清楚在场人是否愿意听；最后，他用通俗易懂的语言进行表述。

我们想象一下，如果化学家在不知道同学们是否愿意听的情况，就对大家用专业术语讲述，恐怕会被人认为是在卖弄学问，故作炫耀。所以，一定要针对不同人、不同场合、不同情况，来选择合适的话语与外界沟通，比如对方的文学修养、知识层面、身份地位、兴趣爱好、心情状况等。

（二）找准话题，同对方实现心理"共鸣"

你所说的话，对方愿意听，就取得了心理的"共鸣"。在和他人沟通时，必须找到与对方的兴趣爱好相同的话题，争取与对方发生共鸣。可以说，话题选择得恰当，双方会觉得一见如故，越聊越热；话题选择不当，就是四目相对、局促无言的尴尬。

好话题的标准有四个层次（见图7－5）。

第一层，至少有一方熟悉——能谈。

第二层，双方都比较熟悉——愿意谈。

第三层，一方比较熟悉，另一方感兴趣——喜欢谈。

第四层，双方都感兴趣——好谈，主动谈。

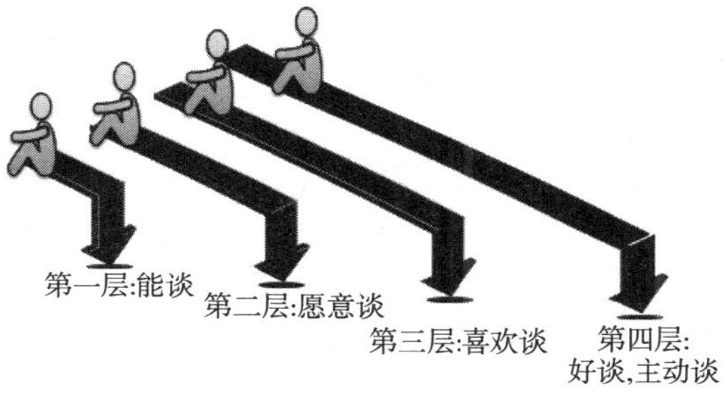

图7－5　话题标准的四个层次

通过这四个层次，我们可以明白找对话题的重要性，第一层如果只是自己熟悉的话题，就意味着很难获得互动；如果是对方熟悉的，虽然能与之谈，但自己会感觉非常疲累。第二层和第三层是常规话题的切入方式，基本上懂得谈话技巧的人都能做到。第四层则是沟通高手才能达到的境界，随便与一个陌生人谈话，就能很准确地找到对方的兴趣点，又能与自己掌握的知识完美契合，既不让自己心累，又能让对方感觉愉快。

那么，要怎样才能准确找到对方的兴趣点呢？可以通过以下三个方面进行“排查”，直至找到为止。

第一，选择众人关心的事件为话题。虽然工作中都是熟人间的沟通，但这种熟悉仅限于表面，所以选择大众类话题是非常合适的选择。这类话题是大家想谈、爱谈、又能谈的，人人有话可说，可以引发人们表达的欲望。

第二，提一些“投石”式的问题。有一定目的地沟通，能让交谈更加自如。比如，自己新到一家公司，跟谁都不熟悉，可以选择“投石”询问：“我是××人，你是哪里人?”“你来公司多久了?”“咱们公司午休可以听音乐吗?”这样的问题很容易和对方产生“共鸣”。

第三，与一些相当熟悉的人进行沟通，谈话的针对性可以更强一些。可以直接向同事提出问题，或者是向对方请教。比如“做这个图需要用什么工具，我不会，你能教我吗?”相信，这样的请教任何人都会不吝赐教的。

第五节

表达清晰，不让对方产生歧义

一、表达清晰的重要意义

表达准确是保证沟通顺畅最重要的因素之一，既决定了沟通能否顺利进行，也决定了沟通的效果。表达精准能将要阐述的信息一点不差地说出来，表达不够精准会导致听者无法正确领悟表达者的意图，甚至产生歧义，做出错误决定。

A 说：“我们这个团队不能再增加人了，但唯独缺少精英人才。”这句话就是典型的表达不准确，语言学上被称为“前后误差”。如果你是听者，就难以理解 A 的意思。这个团队到底缺不缺人？前半句仿佛告诉我们，团队的人手够了，后半句又说缺少精英。这句话意思不明，前后矛盾，表达混乱。生活中“前后误差”的现象很常见，诸如，“我们班组已经连续七年未发生严重错误，昨天只是第一次”，“我保证这是最后一次犯这样的错误，若有下次，主动辞职”，等等。

除了“前后误差”外，还有“用词误差”造成的语意错误。比如，网络上有两句非常经典的话，各截取半句分别是“能穿多少穿多少”和“谁都看不上”。我们不做赘述，只要看看完整句子，就能理解了。第一句，

"冬天：能穿多少穿多少；夏天：能穿多少穿多少"；第二句，"剩女产生的原因：一是谁都看不上，二是谁都看不上"。

这两句网上谐谑玩笑的话，让我们明白，有些词语即便一字不差，在不同条件和环境下也能表达完全不同的意思。因此，想要在工作中与他人进行有效沟通，就要表达准确。

二、表达清晰的两种方法

（一）不要使用模糊或多含义的词语

有一些常用词语在不同的条件下会产生不同的含义，有些不同含义相近，有些不同含义则相反，语言学上称这种状况为"同语近义"或"同语异义"。

"同语近义"是一个词汇在两种语境中意义相近，但分析过后，会发现又不绝对一样，比如"够呛"。

A 对 B 说："你说 C 能按时完成任务吗？是我推荐的他，可别给我找麻烦！"

B 回答："够呛！"

这里的"够呛"有两个相近的意思，一是说 C"够呛"能完成任务，二是说 C 很可能完不成任务，那么 B 就"够呛"能避开这场麻烦。这两种意思相近，都表达 B 对 C 完成任务的不乐观。虽然大概的意思没有变，但毕竟没有表达清晰。如果 B 回答，"我看 C 够呛能完成任务"，或者，"我看 C 够呛能完成任务，但你只是推荐，想必也不能有什么麻烦"，这样意思就清晰了。

相对于"同语近义"不会扭曲要表达的意思，另一种"同语异义"就完全扭曲想要表达的意思，比如"别管它"。

A 和 B 是某工厂一车间的工人，A 是师傅，B 是徒弟。一天，B 发现了机器运转有些不顺畅，就对正在处理其他状况的A说：“师傅，机器运转起来好像有声音，好像卡住东西了。”

A正在埋头苦干，没抬头就回了一句：“别管它是不是。”

B点头回去了，什么都没做，不一会儿机器里边一声响后停止转动了。

A急忙赶过来，怒气冲冲地对B说：“你怎么不停止机器运转，检查一下呢？这下好了，问题严重了！”

B也慌了，解释说：“是您让我不要管的啊！”

A气愤地说：“我是让你不管是不是真的卡东西了，都停下来检查看看！”

这就是“同语异义”造成的巨大误差，传达方认为自己说明白了，接受方认为自己听明白了，结果却是完全相反的理解。

在工作中，还有其他类似“别管它”这样的词语，给听者造成理解错误，进而导致工作不能顺利进行。因此，在进行沟通时，绝对不要使用能产生多种语意的词语，而是要根据当时的语境，运用最正确的词汇，既简短又准确地表达自己的意思，避免产生不必要的误解。

（二）进行词语筛选和逻辑整合，避免错误表达

一位经理有十名下属，某一天有四名下属同时提出辞职。经理很吃惊，也感到不安。在下午开会时，经理想用言语调动其余六名下属的积极性，他说：“那些精英都走了。接下来，我们必须要更加努力才行。我相信大家一定能够取得好的业绩。”显然，这句话是无法调动下属积极性的，只能起到相反的作用。走了的都是精英，言外之意，留下的都是“饭桶”。谁还愿意跟着这样的经理干，辞职潮的到来将不可避免。其实，经理想要表达的绝对不是他言语中的意思，只是他用错了词汇，导致词不达意。在进行某些比较重要的讲话，或者对自己的表达没有太大信心时，可以在讲话之前做好准备。

第一，准备词汇。找到最适合的词汇和最符合自己内心意愿的词汇。

比如，将“那些精英都走了”换成“我们的几位朋友离开了”，既能表达讲话者的心胸豁达，对于已经离开的人，也没有半点不满，依然称之为朋友，更重要的是流露出不舍的感觉，有情有义。

第二，逻辑整合。词汇的前后顺序，语句的前后顺序，对表达有很重要的辅助作用。比如，那位经理即便开始说“我们的几位朋友离开了”，但余下的话依然原封不动，也显得不妥当，还是会给其余的六个人不舒服的感觉。他们会想：怎么你的好朋友好员工都走了，我们剩下都是白吃饭的吗？显然，让员工产生这样的感觉会很糟糕，这就是逻辑顺序没处理好。

不妨这样说：“我们的几位朋友离开了，感谢他们为公司发展付出的辛苦。但我有你们大家，有你们的支持，我的心里就有底。很感谢大家对我的信任，我们是更加紧密的团队，只要我们心往一处想，劲往一处使，我们必定能取得好的业绩。将来还会有新员工加入我们的团队，成为我们的朋友，我们将朝着同一个目标前进。”

这句话有着明显的逻辑层次，先对离开者表示不舍，然后对留下者表示感激，再营造出“一家人”的氛围，最后是对未来的新员工表示期待。

第六节

“提问法则”让沟通更有深度

与他人进行工作上的沟通，提问和被提问也是很常见的形式。其实，沟通的基本形式之一就是问与答，双方互动起来，交谈才会进行下去。

提问时如何问得好，是很多人关心的问题，提问不是简单地问出问题就可以了，而要问得巧妙，问得让对方愿意回答，问得他人不反感。这就需要选择合适的提问方式，巧妙地提问，引导对方的思维，让谈话的内容紧紧扣住主题，突出重点。

一、运用“单刀直入法”打开局面

这种方法要求提问者针对自己最关心的问题直截了当地向被提问者提问，让对方措手不及，能够“老实”回答。

请看下面的场景：

门铃响了，男主人开门后，看到一个西装革履的人站在门前，一本正经地提问说：“家里有高级的食品搅拌器吗?”男主人怔住了。这突然的一问使他不知怎样回答才好，转过脸来和夫人商量。夫人有点窘迫但又好奇地说：“我们有一个食品搅拌器，不过不是特别高级的。”“我这里有一个高级的。”拜访者一边说，一边就从提包里掏出一个高级食品搅拌器。接下来的事情不用赘述，这对夫妇买下了拜访者的产品。假如那个推销员以常规方式推销，开口第一句话说：“我是××公司的推销员，我想问一下您是否愿意购买一个新型食品搅拌器。”想一想，这种提问的效果会如何呢？

二、运用“刺猬效应法”回问对方

所谓“刺猬效应”，是用一个问题来回答对方提出的问题。也就是说，你用问题来控制与对方的交谈，把沟通引向有利于自己的方向。

顾客：“这项保险中有没有现金价值？”

推销员：“您很看重保险单是否具有现金价值的问题吗？”

顾客：“不是。我只是不想为现金价值支付任何额外的金额。”

这个推销员非常聪明，他知道如果自己一味向顾客说明现金价值，就会把自己推到河里，一沉到底。顾客不想为现金价值付钱，因为他不想把现金价值当成一桩利益，推销员便向他解释现金价值这个名词的含义，提高他在这方面的认识。

三、选择开放性问题进行提问

在了解开放性问题之前，先来看看封闭式问题。

封闭式问题也被称为“Y/N 模型”问题，“Y”即“Yes”，“N”即“No”。针对问题的回答通常只有“是”或“否”。本质上封闭式问题更容易回应，但也更容易将问题问死，对方如果回答“NO”怎么办？接下来就没法沟通了。

而开放性问题就不能只用简单的“是”或“不是”来回答问题。开放性问题会请被提问者对有关事项做进一步描述。

比如，问对方：“你能完成这项工作吗？”这就是封闭式问题，对方只须回答“能”或“不能”，想要进一步回答也没有可能。如果换个方式提问：“你对完成这项工作有什么建议?”对方会很乐意告诉你他的想法，你可能还会有其他收获，比如，他为什么要给出这样的建议?他认为自己能否完成?他觉得自己的差距在哪里?显然，这种问法比之前封闭式的提问要好很多。

同时，采用开放式提问不会让对方产生被动感，更不会有被审问的感觉。比如：“你今天有时间吗?”“那么明天呢?”“你是不是觉得和我谈话有些不方便呢?”类似这些封闭式问题，几乎相当于给对方拒绝我们创造了机会。而开放式提问不限制对方的答案，不会让对方感到约束，可以根据谈话主题自由发挥，有利于对方畅所欲言，他们通常会感到放松和愉快，自然也会感到和你聊天很舒服，这显然有助于谈话的进行（见表7－1）。

表7－1　开放式提问与封闭式提问对比

	回答方式	对方被动感	限制对方回答	交谈延伸性
开放式问题	非“是”或“否”	没有	不限制	强
封闭式问题	“是”或“否”	有	限制	弱……没有

开放式提问包括以下几种典型问法：

1.“怎样……”或者“如何……”比如：“您通常都是如何应付这些问题的?”“那么，我们应该怎样做，才能满足您的要求?”“您希望这件事最终得到怎样的解决才算合理?”

2.“为什么……”比如：“为什么您会面临如此严重的问题?”“您今天为什么如此神采奕奕?”“为什么您对他们的产品情有独钟?”

3.“什么……”最典型问法：“您遇上了什么麻烦?”“您对我有什么具体要求?”“您的合伙人还有什么不同的想法吗?”

4.“哪些……”“这是我们新研发的产品，您有哪些更好的建议?”“哪些问题令您经常心情烦闷?”“您认为我身上有哪些不足需要改正?”

在我们同对方沟通时，需要与其建立良好的关系，努力营造出轻松和谐的氛围。由于开放式提问对回答的内容限制不严格，给对方以充分自由发挥的余地，会让对方越来越放下戒心，以真诚舒畅的心情交谈。在双方都感到舒服的氛围中，沟通自然会得到更好的效果。

第　八　章

情绪重建：
高效人士从不让心情影响事情

情绪是人们与生俱来的一种心理和生理状态。人人都有情绪，却不是人人都会控制情绪。优秀的人都是掌控情绪的高手，从不会在情绪上浪费时间

第一节

负面情绪是工作中的“魔鬼”

一、什么是“踢猫效应”

一位父亲在公司受到了老板的批评，回到家后看到在沙发上跳来跳去的儿子很生气，就把孩子臭骂了一顿。孩子心里窝火，狠狠去踢在地上玩得正欢的小猫。小猫受到惊吓，逃到大街上，正好一辆摩托车开过来，司机下意识避让，不料撞伤了路边玩耍的小孩。很显然，交警到来后，会根据现场情况，判摩托车司机承担事故的责任。但谁会想到，这场事故的源发者其实是在公司受气的那位父亲，他没能控制好自己的坏情绪。这就是心理学上著名的“踢猫效应”，描绘的是一种典型的坏情绪传染所导致的恶性循环。人的负面情绪和糟糕心情，一般会对弱于自己或者等级低于自己的对象依次传递，由金字塔尖一直扩散到最底层。

现代社会中，竞争越来越激烈，工作压力越来越大。这种紧张的节奏很容易导致人们情绪的不稳定，遭遇不如意就会使自己烦躁、愤怒起来，如果不能及时调整这种消极因素带给自己的负面影响，就会身不由己地加入“踢猫”的队伍中——被别人“踢”和去“踢”别人。但无论是怎样，最终都会影响工作的正常进行，轻则影响效率，重则会影响整个职业生涯。

二、有哪些原因会导致负面情绪出现

（一）负面情绪出现是因为能力不足吗

很多人生气是因为别人引起的，也就是在生别人的气。为什么别人犯了错误，你却要生气呢？那是因为别人犯错影响了你自己工作的进度或质量，“××真是的，让他帮我做这么点事，都做不好。”或者你是一位管理人员，对下属有种恨铁不成钢的无可奈何，“把这么重要的工作交给××，结果他做得乱七八糟!”遇到这种情况，我们都会很生气，负面情绪会随之升腾。

乔治·索罗斯曾经交代下属一项工作，他认为交代得很清楚了，不料下属并未做好。当索罗斯出差归来后，才发现工作有失误，造成了不小的损失。那位下属很惶恐，认为要被炒鱿鱼了，主动收拾好东西，等待着被炒。没想到索罗斯叫这位员工进他的办公室，两个人开始对这项工作进行分析，最后的结论是：索罗斯应该负有主要责任，因为他交代任务并未说清楚，而且委派的员工能力与工作的性质也有差异，属于用人失误加交代不清。这位员工不用负责任，自然也不会被辞退。这位下属就是鲍勃·贝瑟尔，后来升任为索罗斯基金管理公司的首席投资官，目前管理着22亿美元的对冲基金。

在索罗斯的身上，需要吸取这样的经验：在生气的时候，应该想想是不是我们“能力不足”，而不是直接发脾气，将负面情绪发泄在员工身上。要知道，在工作出现错误时，作为具体执行人，已经情绪很不好了，若是再继续加码，就会形成负面情绪的蔓延。

能力不足，不仅仅体现在具体技能上，管理能力、判断能力、思考能力、应变能力等都是能力的组成部分。如果你的能力不足，对完成工作的判断就会出现偏差，要么是对自己的能力高估，要么是对别人要求过严，要么是对各种变化没有考虑进去。所以，在工作中要保持心态平和，尽力将工作做好。如果工作中遇到困难，或者工作出现错误，首先要做的是平稳心绪，不要着急，冷静分析错误的原因，然后找出解决的方案。总之，负面情绪会成为干扰工作的“魔鬼”，只有克制住负面情绪，才能真正做好工作。

（二）负面情绪出现是因为经历不够多吗

很多人认为，如果自己手上拿着一副好牌，就不会有负面情绪——生活得顺风顺水，怎么可能不高兴？但是有很多人，在“拿到了烂牌”后，也会想尽办法努力把牌打好，就像艾森豪威尔一样，从出生就是“烂牌一副”，最后硬是被他打出了“天牌”。

其实，如果你拿到了一副烂牌，这样打坏牌的经历会给你带去更大的收获，当你经受越多把坏牌打好的历练时，你的想法和见识越能得到提升。把坏牌打好提升能力，更能修炼心态，明白其中的道理后，你会发现，你已经没有了负面情绪。

（三）负面情绪发作是因为没有责任心吗

将责任与快乐连在一起，可能有些人会觉得别扭。让自己快乐，就谈不上负责任工作；若是对工作负责任，还谈什么快乐呢！有这样想法的人，显然是曲解了快乐和负责任之间的关系。我们会看到一些工作很努力负责的人，他们很快乐，对工作充满热情。一个对工作负责任的人，在工作中一定是坚强、乐观的；具备这样品质的人，一定会是对工作充满热情的。

看一个场景：

一位实习生常常把客户的话忘记，要准备的材料也总是做不好。每当谈到这一问题时，他总是没好气地说：“我已经完成我的任务了，把材料交上去了，还要求那么多干什么？”最后，他被老板辞退了。如果我是老板，也一样会辞退他。因为负责一项工作，重要的不是“做没做”，而是“有没有用心做”。

当一个人能时刻想着把工作做到最好，这绝不是规章制度强迫所能达到的效果，而是要求这个人发自内心的认真主动去工作，而支撑一个人长期认真主动工作的动力就是工作的热情和在工作中能体会到的快乐。

第二节

你常被哪些情绪困扰

所有不能控制情绪的人，都无一例外地受到负面情绪的困扰。但因为个人性格不同、成长环境不同、受教育程度不同、生活和工作环境不同等因素，困扰每个人的负面情绪也有差异。但是，任何东西都有一定的总体性，负面情绪也可以进行类别上的归纳，通常分为四大类型（见图8-1)。

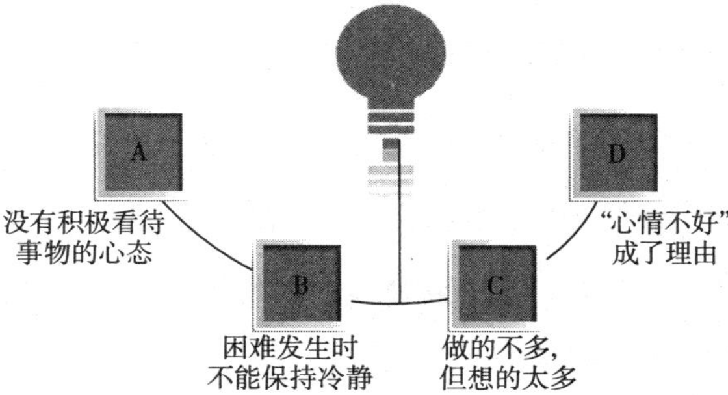

图8-1　负面情绪的类别

下面，将这四种类别的负面情绪进行详细阐述，看看你主要受哪一种或哪几种负面情绪的困扰。

一、没有积极看待事情的心态

如果在工作中错误已经发生了，对于工作已经造成了不利影响，你要怎样做呢？既然已经是不可改变的事实，再抱怨、生气、难过都于事无补，反而会因为负面情绪作祟，导致接下来的工作也难以做好了。

我有过这样的经历，辛辛苦苦写了两天后，发现自己写的已经偏离了初衷，白费了。立即情绪上涌，不甘心将工作成果删除，就带着气硬改，认为可以改好。结果改了一整天，改出来的东西不伦不类，最后垂头丧气了几个小时后，只能逼着自己收拾好情绪，将写错的删掉，重新开始。因为之前写过一次，虽然是偏离了初衷，但也算是积累了经验，重写只花费了一天时间。所以说，发现自己犯错后，要以积极的心态面对，需要推倒重来，就立即着手，而不要自我欺骗，跟错误继续纠缠。我的工作能力就是在这样不断的历练中，得到了提升。

二、难题发生时不能保持冷静

A 是图书公司的一名编辑，每天写稿。某天，电脑突然黑屏了，怎么也启动不了了。等到专业人士给维修好后，他存在“C 盘”上写好的书稿没有了。这时他在公司发怒了，抱怨公司给他的是一台“破电脑”，要求老板必须答应双倍支付稿费，他才愿意重写书稿。老板没有同意，A 气急之下，竟然砸坏电脑！当然，最后他付出了沉重代价——除了加倍赔偿公司损失外，还险些被警察带到派出所里了解情况。以至于被老板责令收拾东西从公司走人，A 最后留给同事的狼狈背影，谁想谁心酸。这是多年前我听到的一件事，当时我听完以后竟然有些可怜 A。

为难的事、倒霉的事，谁都可能遇到，遇到之后的应对方式，能够看出一个人控制情绪能力的高低。当你遇到了困难，一定要让自己冷静下来，如果实在怒火难消，不妨想想下面几个道理：

1. 继续为上一个过失发脾气，对于挽回损失毫无意义。

2. 发了脾气只会招来更大的损失。

3. 想要挽回损失的最好方法，是承认损失已经发生，然后立即想办法采取措施弥补。

4. 吸取教训，力争以后不再犯类似的错误，才是高情商的表现。

三、做得不多，但想得太多

很多人在做预想的时候，将计划和解决方案想得很完美。我的观点是，想得再好也没用，“做”才是检验想法的唯一标准。如果只想不做，想法就无法得到验证，想象的那些美好的未来也没有办法去实现。这种内在与外在的落差，会让人产生负面情绪。因此，越是想的多的人，做的就越少，现实与梦想的差距就越大，坏情绪也就积攒得越多（见图 8 –2）。也有的人是眼高手低，设想过后，也去做了。但因为能力有限，导致做的时候经常碰壁，这样更会导致负面情绪的产生。因此，要将用于想的时间减少，去不断充实自己的能力，让自己成为“做的达人”。

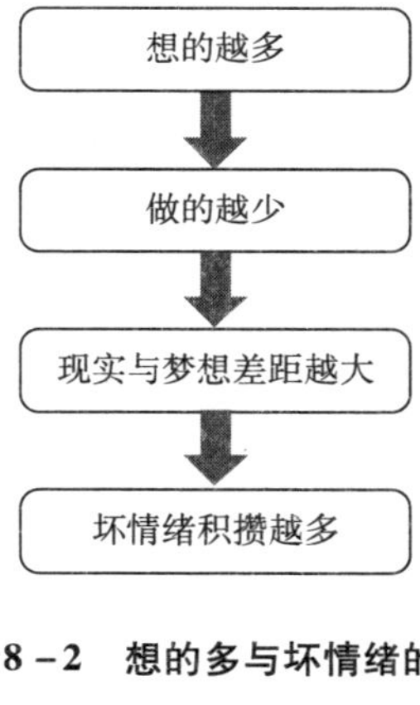

图 8 –2　想的多与坏情绪的关系

四、“心情不好”成了理由

某人总用这样的开场白和别人说话：

“今天好生气！送快递的居然不能送到家，还要我自己下楼取！你说现在的快递怎么这么不负责任！”

“刚才真倒霉，明明是我先想到的好主意，结果被别人抢先一步说了出来！那人脸皮也真厚！”

我们都不愿意遇到“今天心情不好”的人，因为我们都不愿意当“垃圾箱”，不愿意接收别人的坏情绪。所以，如果你心情不好、情绪不佳，也不能作为肆意“污染”别人的理由。每个人都有可能遭遇“今天心情不好”的情况，但一个能够控制住情绪的人，绝对不让负面情绪留存太久。因为没人想带着糟糕的情绪工作，那样只能更加影响工作。

第三节

找到坏情绪的源头并消除

一、如何运用“情绪日记”方法

心理学研究表明：人的坏情绪总是集中在某一个方面，或者引发坏情绪的总是某一类的事情。那么，就需要找到对我们来说最直接的坏情绪的源头，然后消除。其实，只要找到源头，距离消灭也就一步之遥了。那么，坏情绪的源头应该如何寻找呢？方法有很多，但心理学上最为推崇的方法是“情绪日记”（见图8－3）。

图示解析：

第一步：列出负面情绪。就是将自己经常会出现的一些负面情绪全部列出来。

第二步：分类负面情绪。就是把列出的负面情绪按照发生的频率、发生的程度等条件进行分类。

第三步：记录、改进负面情绪。记录是按照选中的方法对列出的负面情绪进行记录，可以按照时间（一周、三天、一天、半天、两个小时等）进行记录，不用管是否发生了；也可以按负面情绪出现的次数（一次、两次、三次、五次等）进行记录；还可以按照负面情绪发生的程度（很严

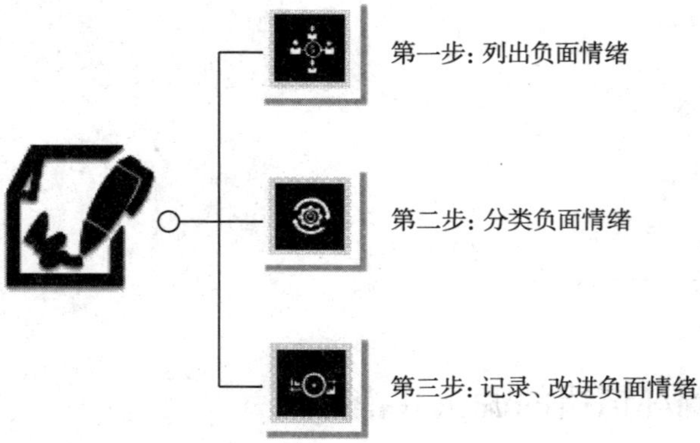

图 8-3　“情绪日记”图示

重、严重、一般、较轻等）进行记录。改进则是根据记录的结果对负面情绪进行自我提示，不断改进自己的负面情绪，直至改造成功。

具体操作方式则根据自己的需求而定，通常以时间记录可以作为通盘考虑，以出现次数记录可以针对出现的相对频繁的负面情绪，以发生程度记录可以针对一些很难控制的负面情绪。

二、如何进行情绪控制训练

（一）负面情绪的列举

需要注意的是：只列举出对生活和工作造成严重影响的负面情绪，一些不太影响生活和工作的负面情绪暂时不考虑。因为，当那些影响严重的负面情绪被驯服后，这些不严重的负面情绪往往就随之消失了，无须额外应对。而且，列出负面情绪要有一颗坚强公正的心，既要坚决挖到对自己影响最大的负面情绪，也要坚决挖到隐藏的最深的负面情绪。

我列出的负面情绪有：抱怨、萎靡、消极、不够宽容、经常性烦躁、冲动、缺乏激情，共七项。

（二）对列出的负面情绪进行分类

需要注意的是：分清主次很关键。最为关键的不是那些相比较起来发作频率小，但发作程度很重的负面情绪，而是那些发作程度不严重但发作频繁的负面情绪。因为发作频率多的负面情绪，才是每天对自己影响很严重，也是在别人面前有很大机会表露出来的人际关系。所以要先将发作频繁的列出来，再列出余下的发作程度严重的。

发作频率多的是：消极、抱怨、萎靡、经常性烦躁。

发作程度强的是：冲动、不够宽容、缺乏激情。

（三）时间记录、次数记录和程度记录的具体应用

根据我个人的现状，时间记录的是列出的全部七项负面情绪（见表8－3）；出现次数记录的是消极、抱怨、萎靡三项负面情绪（见表8－1）。发生程度记录的是冲动、不够宽容两项负面情绪（见表8－2）。

表8－1　以出现次数记录负面情绪

2010年2月1日	
情绪类别	出现次数
消极	2次（频率较昨天持平，程度减轻）
抱怨	1次（频率较昨天持平，程度减轻）
萎靡	4次（频率较昨天增多，程度加重）
经常性烦躁	2次（频率较昨天增多，程度减轻）

表8－1记录了我出现频率最高的三种负面情绪，以一天时间为标准，接下来的每一天都要进行记录。

不能要求第二天负面情绪的出现次数就明显减少，或许依然会持平，甚至会有所增加，但不要特别在意这些数据，关注的重点是对这些负面情绪的控制。如何慢慢减少消极情绪，如何做到不抱怨、不萎靡，只要每天坚持控制，负面情绪出现的次数就会逐渐减少，直至完全消失。同时还要注意，某一项负面情绪至少连续一周不再出现，才意味着对该情绪的控制取得了效果。但此后依然要注意保持心态，避免旧状复发。

表8－2　以出现程度记录负面情绪

2010年2月1日	
情绪类别	出现程度
冲动	严重1次，次严重1次，轻微4次
不够宽容	次严重1次，轻微1次
缺乏激情	次严重1次，轻微1次

表8－2记录了我出现程度很严重的三种负面情绪，以一天时间为标准，接下来的每一天都要进行记录。

不能要求第二天负面情绪的出现程度就明显减轻，或许丝毫没变，甚至更加严重。我们要做的，依然是要找到合适的方法去控制这些负面情绪。如何慢慢减少消极情绪，如何做到不冲动、有激情，长时间锻炼之后，负面情绪发作的程度就会逐渐减轻，直至完全消失。同样要注意一点，某一项负面情绪至少需要连续一周不再出现了，才意味着对该情绪的控制取得了最佳的结果。但此后依然要注意保持心态，避免旧状复发。

表8－3　以时间记录全部负面情绪

2010年2月1日至2010年2月7日	
情绪类别	综合分析
消极	本周一共出现7次，较上周频率递减，程度加重
抱怨	本周一共出现6次，较上周频率持平，程度减轻
萎靡	本周一共出现18次，较上周频率递减，程度减轻
经常性烦躁	本周一共出现9次，较上周频率递减，程度减轻
冲动	本周一共出现13次，较上周频率递减，程度逐渐减轻
不够宽容	本周一共出现15次，较上周频率增多，程度持平
缺乏激情	本周一共出现10次，较上周频率持平，程度逐渐递减

表8－3记录了我全部的负面情绪，以一周时间为标准，接下来的每一周都要进行记录。

表8－3不是数据型的记录，而是备注型记录，总结所列出的全部负面情绪经过一周改变的效果，一共出现了多少次，频率如何，程度怎样，等

等。这样可以很直观地看到哪项负面情绪得到了不错的改善，哪项负面情绪没有太大改善，甚至哪项负面情绪还有更加强烈的趋势。

这些总结结果可以对下一周的情绪控制和养成起到辅助建议的作用。比如，消极这种负面情绪，频率递减，但程度却加重了，就要找出程度加重的原因，进行有针对性的控制训练。再比如，不够宽容这项负面情绪，虽然程度持平，但频率增多了，就要找出频率增多的原因，然后进行有针对性的控制训练。

第四节

把关注目光放在情绪 ABC 中的“B”

一、情绪 ABC 理论

“情绪 ABC 理论”由美国心理学家阿尔伯特·艾利斯创建，认为激发事件 A（Activating event）只是引发行为后果 C（Consequence）的间接原因，而引起 C 的直接原因则是个体对激发事件 A 的不正确认知和评价而产生的内心想法 B（Belie），即由人的消极情绪和行为障碍导致（见图 8－4）。

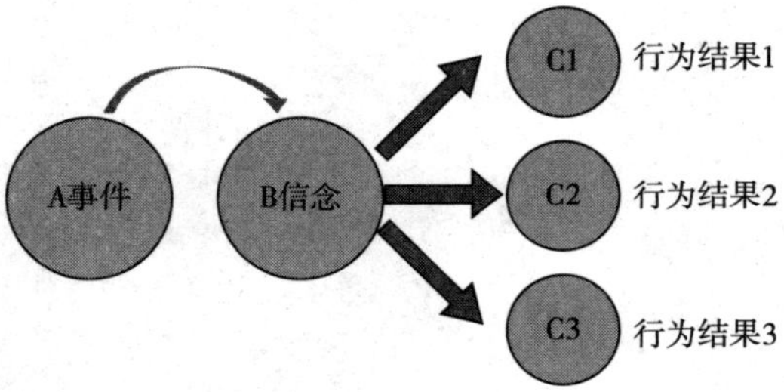

图 8－4 “情绪 ABC 理论”图示

此图中，A 指事情的前因，C 指事情的后果。有前因必有后果，但是有同样的前因 A，产生了不一样的后果 C1、C2 和 C3。这是因为从前因到后果之间，一定会通过一座桥梁 B，这座桥梁就是信念和我们对情境的评价与解释。

二、90/10 法则

“情绪 ABC 理论”的创始者艾利斯认为：正是由于我们常有的一些不合理的内心想法才使我们产生情绪困扰。可见，为了控制情绪，我们需要特别关注“ABC”中的“B”，将 B 控制住，负面情绪会因此减少很多。那么，我们应该怎样去关注这个“B”呢？一个很好的方法是借力打力，也是我们所说的另一个心理学法则——“费斯汀格法则”，由美国社会心理学家利昂·费斯汀格提出，认为生活中的 10% 负面情绪是由发生在你身上的事情导致的，而另外的 90% 则由你对所发生的事情的反应造成。换言之，生活中有 10% 的事情是我们无法掌控的，而另外的 90% 却是我们能掌控的，因此也叫“90/10 法则”（见图 8－5）。

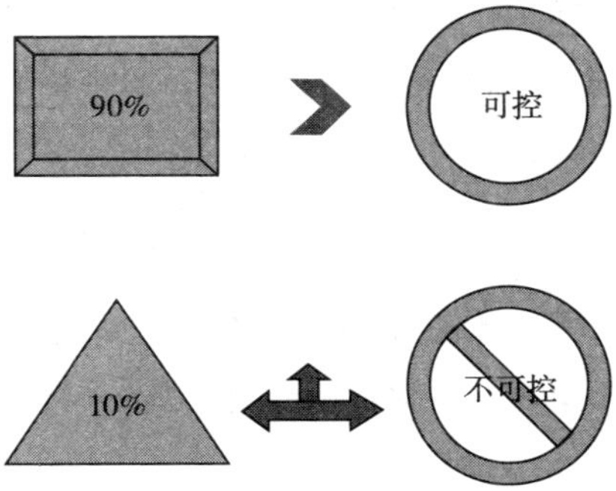

图 8－5　“90/10 法则”图示

“90/10 法则”的内在含义是：我们确确实实无法控制发生在我们身上的 10%，但我们可以决定另外的 90% 的走势。比如，我们无法阻止自己的汽车一天天地变旧，也无法不让飞机不晚点，或者也无法左右别人的工作状况。但是，这些情况都只属于那不可控的 10%，对于另外的 90% 呢？我们可以控制汽车变旧之后的心态，可以控制飞机晚点之后的心态，可以控制别人不能完成工作的心态。换言之，确实有10%的事情是我们无法掌控的，但另外的90%则是我们能掌控的。

能够控制住情绪的人，一定是能够掌控住那90%的，他们会用平和的心态面对不可避免的10%，然后用正确的方式去引导其余的90%。在他人眼中，这些人永远是平静从容的，而且具备强大的能力磁场，他们的处事方式给人以吸引力。下面我们通过一个具体的例子来彻底感知“90/10法则”的意义。

一位妻子与丈夫及儿子吃早餐，儿子不小心把牛奶泼倒在她的裙子上，这件事既让她无奈，又让她愤怒（属于不可控的10%）。接下来的状况却是由妻子的反应而定（这是可控的90%）。妻子狠狠地责骂了儿子一顿，儿子哭了起来。然后妻子又把怨气撒向丈夫，责备丈夫不做家务，也不照顾孩子。一场夫妻争辩发生了，丈夫摔门而去。等妻子气呼呼地换完衣服出来，看到儿子还在哭，早餐也没吃。她一边数落儿子，一边喂饭，孩子一边哭一边吃。她带孩子出门，没能赶上上学的班车，没办法，只能开车把儿子送到学校。儿子觉得很委屈，没有跟她道别就跑向校门。因为怕迟到，她以时速70公里的速度疾驰在市区的路上，结果因为超速被警察拦下，扣分罚款。当她到达公司时，已经9：30了，迟到被写入考勤。接下来还有更糟糕的事，她发现忘了带公事包，去跟老板说明情况，又被批评了一顿，然后以旷工半天为代价回家去取。有了这样糟糕的开始，她闹心了一天，无法集中精神工作。好不容易熬到了下班，但丈夫还是不太高兴，儿子也闷闷的不敢说话。她感觉与家人的关系出现了裂痕。吃晚饭时，气氛很压抑。晚上睡觉时，她失眠了……

例子到此为止，为大家准备了一个问题（见表8－4）。

表 8－4　“90/10 法则”的应用

导致妻子的一天如此糟糕的最主要的原因在哪里？
（A）是牛奶造成的吗？ （B）是儿子造成的吗？ （C）是丈夫造成的吗？ （D）是自己造成的吗？ （E）是警察造成的吗？ （F）是老板造成的吗？
正确答案是（D）。

其实一切都是由她早上的对儿子弄洒牛奶的反应引起。她无法控制儿子打翻牛奶这件事，但接下来的那五秒内的反应，她是可以控制的。但是很遗憾，她选择以责骂的方式开始，进而导致了一整天糟糕事情的发生。试想，如果对儿子打翻牛奶这件事换一种反应，会是一种什么结果。

接下来我们针对这个例子，让这位妻子采用不同的反应，看看能够演变成怎样一个不同的故事。儿子把牛奶翻倒在她身上，儿子吓得愣住了，但她没有生气，反而安慰儿子说：“别怕，这不算什么，但你下次得小心一点了。”说完，她嘱咐丈夫再安慰安慰孩子，并让孩子尽快吃完饭，然后自己起身回到卧室去换裙子。再出来时，看到丈夫正在送儿子上班车，她出门跟儿子打招呼，儿子也向她挥手。回到屋中，拿好公文包，和老公一起出门上班。提前了五分钟到公司，亲切地与同事打招呼，开启了高效工作的一天。晚上回到家，丈夫提前做好了饭，儿子扑上来亲了她，一家人坐在一起其乐融融地吃饭。

看到这两种处理方式的区别了吗？由同一个开端所引起的两个情境，最终的结局也完全两样。为什么？只因为这主人公对事情的反应不同。那么，如何才能更好地实践“90/10 法则”呢？我们再选出两种场景进行补充说明。

（一）试当“海绵人”

海绵具有很强的吸纳性，我们不妨尝试当“海绵人”。时刻记着“90/10 的法则”，就当自己是块海绵，从容地吸收那不可预料的 10%。

下面这些情况，看看“海绵人”是如何解决的：

1. 被辞退了——不失眠，也不愤怒，而是精神饱满地去找寻新工作。
2. 航班延误了——不紧不慢地拿出一本书，专心地阅读。
3. 与人发生交通事故了——平和地打电话联系交警部门和保险公司。
4. 工作成果被他人不小心破坏了——收拾心情尽快重新开始。

（二）经常触发“快乐的按钮”

出租车司机苦等半个小时，却等到一个只够起步价的乘客时，内心的期盼值得不到满足，不快乐的情绪就会启动，或是堵着气继续开车，或是没好气地直接拒载。就像《拆掉思维的墙》中所写的：“人的身上有两个按钮，一个是快乐按钮，另一个是不快乐按钮。”不快乐的情绪一定是由不快乐的按钮触发的。

对于出租车司机而言，乘客的目的地就是无法掌控的 10%，然而一旦触发了不快乐的按钮，毁掉的就会是剩下的原本可以掌控的 90%。带着情绪开车是充满了危险的，违章、刮蹭、恶性事故都有可能发生。无论是什么结果，都会受到惩罚。其实，任何愈演愈烈的坏状况，都是按下了“不快乐按钮”所致。因此，妥善处理好生活和工作中不可控的 10%，在坏情绪要聚集时，及时按下“快乐的按钮”才能掌控剩余的 90%。

第五节

只要三分钟就能赶走负面情绪

一、负面情绪带来的灾难

被誉为个人成长导师的理查德·泰普勒在《极简工作法则》一书中提到，“同事们会对一个无法控制情绪的人快速失去信心”。

可以这样想，如果你身边有不能控制自己情绪的人，你会对其有多少认可度呢？是不是会对他的处事方式有所怀疑呢？控制不住情绪的人，很容易将一件糟糕的小事在一瞬间发展成不可控的连锁坏事，最终导致事态越来越麻烦。其实，很多糟糕的小事都可以在发生的最初阶段得到控制，通常只需要一两分钟让自己冷静下来就可以了，然后平静地将事情处理好。

某人因为前一天晚上熬夜工作，早上起床有些昏沉沉的，洗漱时将放在洗漱台上的手机碰掉进马桶。他立即捞出手机，但手机还是进水了。他的心情立即变得糟糕，无名火涌上心头。他拿着手机就想摔，但就在那一瞬间，他控制住了，呆呆地站了一分多钟，然后用水冲了冲脸，说了一句：“摔了手机又能解决什么？还是要去买新手机。”

这就是典型的短时间赶走负面情绪的案例。我们一直在说要控制情绪，但不是让我们从此以后告别负面情绪。人和人都会有情绪，再有涵养的人也会发脾气，这是人之常情。但在情绪到来时能不能控制住，就取决于一个人控制情绪的能力。

我见过一个人自导自演了一场《一块手表引发的辞职》（见图8－6）。

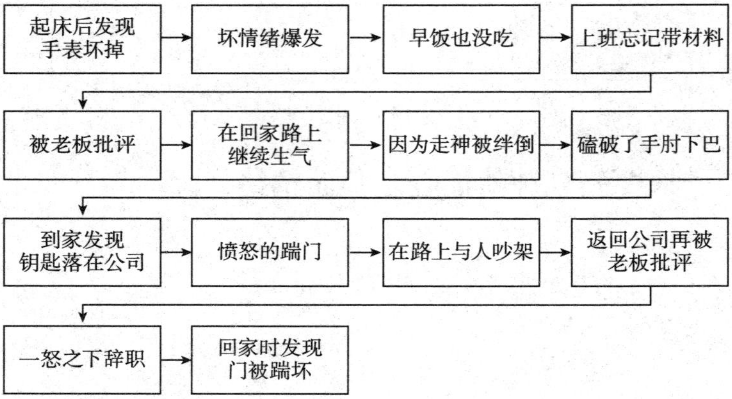

图8－6　一块手表引发的辞职

这个流程堪称灾难，一步一步让事情恶化。其实有很多机会能够阻断后续事情发生，要在事态的最初阶段及时控制住。手表已经坏了，再怎么生气也于事无补，所以就当没发生过，好好吃早餐，拿好东西去上班，这一天就会过得很好。

生活和工作中，不可控情况下发生的对自己不利的事情，总是难以避免的，我们不能任由坏情绪绑架我们的行为。稳定的情绪就是你积累正面情绪的资本，这是人力资源管理学中一个重要概念。简单来说就是，一个情绪稳定的人，会给老板和同事形成信赖、可靠的形象，随之而来的就是更高的评价和更大的发挥空间。

二、稳定情绪的方法

（一）“三分钟法则”即三个“一分钟”

1. 延迟一分钟发脾气。一个几乎人人都知道的医学原理，就是当人们负面情绪激增时，会伴随着肾上腺素的飙升。所以，要想控制情绪，就不能总是想着要发泄情绪，而是要把肾上腺素先安抚下来，让它尽可能平静，你才能比较清醒地思考问题。这时候，你就需要一分钟的时间，延迟情绪爆发。

2. 换位思考一分钟。俗话说，当局者迷，旁观者清。站在他人的角度看待问题，一方面会开拓你的思维，另一方面也会让你更加客观地看待问题。

3. 思考解决方法一分钟。工作中出现问题的时候，需要的不是脾气，而是思考。想一想我有没有更好的解决方法，是不是还存在另外一种答案，当你这样去思考解决方案时，情绪自然会渐渐平稳下来。

（二）负面情绪要爆发时，冷静几秒至关重要

听人说起一句话："在已经无法忍受时，还是忍住了那句最伤害对方的话。"其实，再大的怒火，只要想去控制，还是可以做到的，只是难度不同罢了。要在准备发作之前让大脑冷静几秒钟，就可以阻止愤怒的血液四处流动。这种冷静应该如何做到呢？可以参考下面两种方式：

1. 瞬间停顿下来。暴怒之时，言语冲突或肢体冲突，总是让人越来越激动。那么，选择那么一瞬间，强迫自己什么都不说，什么都不做，停顿下来，几秒钟后一种神奇的状况出现了，愤怒没那么严重了。

2. 想一想严重的后果。这种方式需要一些自私心理，也就是不去想自己的言语或行为能给对方带去怎样的后果，而是只需要想自己会有怎样的后果，会坐牢？会被判死刑？会妻离子散？会倾家荡产？想想这些，恐怕负面情绪也就消散的差不多了。

（三）迫不得已时借助实物宣泄

很多人在负面情绪累积过多时喜欢摔东西，这也是一种情绪宣泄的方法，被称为"实物宣泄"。这种宣泄方式的好处是，身体和精神都得到了

充分的发泄，可以在很短的时间内，将难以忍受的负面情绪一下子宣泄出去。

关于这一点，我本人有过亲身体验，感觉要爆炸的心态，结果反复摔了两次书以后，心里立即平静了很多。过一会儿，看着那本被我摔在地上的可怜的书，我有些难过。采用这种宣泄方式，主要注意两个方面（见图 8－7）。

·不能摔贵重的或无法挽回的物品

·如电脑、手机、发明的产品等
·会滋生人都无所谓意识
·容易产生“破坏心理”

·不能摔有生命的东西

·动物或植物
·会滋生人性格中的残酷性
·容易缠身“虐待心理”

图 8－7　实物宣泄注意事项

第 九 章

善用方法：用好工具，就等于找到了工作捷径

方法对了，事半功倍；方法错了，事倍功半。其实，累死你的不是工作，而是不科学的工作方法。掌握并善于运用好的工作方法，就等于找到了工作捷径

第一节

会议缩减法：别让无用会议耽误工作时间

一、有效会议的三要素

一项调查数据显示，35%受调查的人表示他们参加的大部分会议都是在浪费时间，还有68%的人认为会议的时间明显过长，最多10分钟就可以讨论清楚一个议题，却偏偏要花费更多的时间讨论。就像维珍集团创始人理查德·布兰森经常表达对开会的反感："只有一个话题的会议竟然要持续30分钟，真是见鬼了！"

开会明明是为了解决问题，如今却成了人所共弃的事情。那么，你有没有思考过，为什么绝大多数的会议那么糟糕呢？见图9-1。

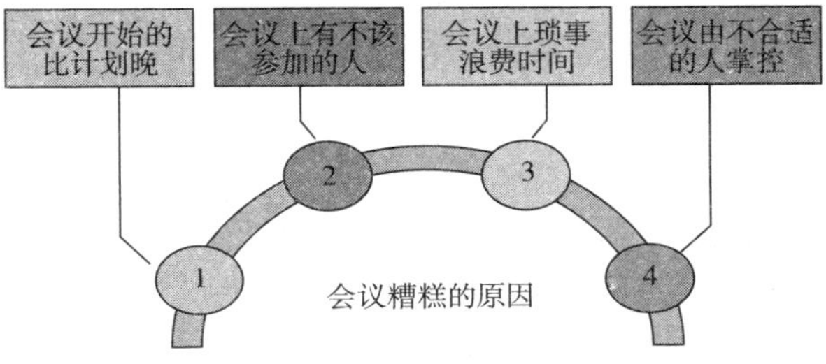

图9-1　会议糟糕的原因

美国NBA联盟的达拉斯独行侠队的老板马克·库班就非常讨厌开会，曾说："除非事关公司要开支票，不然永远都别开会。"虽然库班嘴上这样说，但该开的会还是要开，只是要掌握一定的方法。比如要掌握会议的成效性，一方面是通过开会能否让目标实现，另一方面是能否令大多数与会者都感到满意。

此外，还要明白"3W 要素"，分别是：When（什么时间）、Who（会议的对象）与 Why（为什么召开会议）。开一场有效率的会议，需要先弄清楚这"3W 要素"。

下面，我们来倒推分析这三要素（见图 9－2）。

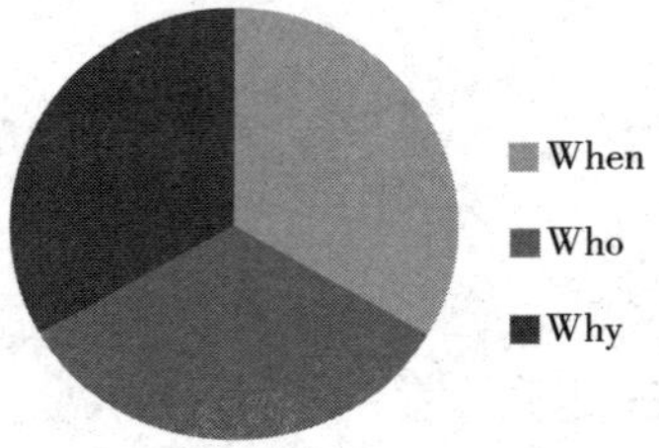

图 9－2　有效会议的"要素 3W"

（一）Why——为什么要开会

这个问题直接关系到团队会议的参与人员的情绪，同时也直接影响会议的结果。

库班希望在开会之前，与会者要事先思考，并带着清楚的讨论清单参会。而筹备会议者应该在会议前三天（非临时会议）将指定阅读的文件（必须简洁）寄送给所有与会者。

（二）Who——什么人来参加会议

很多会议常常发生这样的状况：讨论的项目与参会成员无关。显然，这样的会议就十分低效，所以一定要预先确定会议参与者的必要性。

谷歌有这样的规定，在通知参会人员之前要问三个问题：

1. 大家知道我们现在为什么出现在这里吗？

2. 召开会议要决定什么议题？

3. 你是否有问题要在会议中提出来？

（三）When——什么时间开会更合适

不仅仅要以事情的状态为主，还要将与会者的时间安排考虑在内。做到尽量不耽误任何人的正常工作，保证工作效率是任何会议的宗旨，因此绝不能为了开会而随意耽误工作。当然，在必须要耽误的时候也不能有顾虑。比如发生了紧急状况，要求与会者必须停下手中的工作开会，这是没有商量余地的，此时无须考虑工作。

但无论在什么时间开会，有一点必须要做到，就是会议要精练，用时越少越好。能在 10 分钟探讨完成的，绝不用 11 分钟。在会议过程中还要尽量加快进度，既保证讨论到位，还要保证不浪费时间。

二、怎样做才能最大程度缩减会议时间

（一）谷歌开会的秘密武器——倒计时时钟

谷歌风投合伙人杰克·纳普提倡在会议期间使用一个机械钟进行倒计时。玛丽莎·梅耶尔在谷歌任职期间的开会时，也会在墙上投影出一个巨大的倒计时器。钟足够大，会议的参会人员都能看到。为了确保会议期间的安静，时钟是静音的，只显示会议剩余的时间。梅耶尔和纳普都不约而同地将倒计时的起始时间设定为 10 分钟。

为什么只设定 10 分钟？如果到时候会议进行不完怎么办？因为他们认为，除非特别重大的事情，其余的事情 10 分钟时间足矣。如果 10 分钟没有讨论出结果，要么就是低估了问题的严重性，这需要进一步确认，以待后续；要么就是与会者的讨论不到位，即便继续下去，大概率也是扯皮，很难有效果。

因此，10 分钟是一道界限，超过十分钟的会议，就可以人为定为浪费时间。后来，谷歌做过总结，谷歌从成立到如今，会议超过 10 分钟的只有 23 次，最短的一次不到 2 分钟就结束了。

（二）史蒂夫·乔布斯式的“散步式会议法”

心理学研究表明：坐着开的会议和站着开的会议相比，时间长 34%，

但并没有“坐”出更好的决策，相反还容易让会议形成死局。

史蒂夫·乔布斯曾说：“我非常喜欢站着开会的方式，因为这样谈生意、做决定、完成交易会更快。”

这不是乔布斯自认为的，而是站着开会能让人们更有亲切感，彼此间的互动更容易。其实道理很简单，坐着是不允许随便动的，大家各在其位，各想其事，也不能随便交流。站着就完全没有了这些障碍，大家站在一起，可以走动，互换位置，也可以交流，气氛轻松，氛围融洽，彼此间更乐于分享观点和想法，也更容易激发出创造性思维。参与度和被认可度更高，最终形成决策的可能性非常大。

乔布斯还说：“我更喜欢的是散着步开会。”当年，史蒂夫·乔布斯因为长时间地散步开会而为员工所诟病，但是这种方式如今却被 Facebook 创始人马克·扎克伯格和 Twitter CEO 杰克·多西采纳。

（三）利用“每日碰头小会”减少其他会议时间

维珍集团创始人理查德·布兰森非常推崇“每日碰头小会”的形式，他认为团队成员间应该形成快速碰头开小会的习惯。每天同一时间，不超过 10 分钟。每日的碰头小会一旦确立，会减少许多时间较长的一次性会议。

“每日碰头小会应包括以下三项内容：

1. 重大事件刚过去的 24 小时中的重要内容，特别是和其他团队成员有关的方面。

2. 检查日常指标，无论是销售、转换率或是小部件生产。

3. 你被什么东西“卡住”了吗？这可能是亟待解决的难题，或者是亟待回答的问题。

总之，每日碰头小会最好在几分钟内完成！每个人的发言尽量简短，任何不能立即解决的、“卡壳”的地方都要先跳过。

第二节

极简工作法：做精简的勤奋，不做平庸的忙碌

一、什么是崔西定律

有句广告词是这样说的：“将简单的事情变复杂了，太累；将复杂的事情变简单了，贡献！”这句话在工作中也很适用，“将简单的工作变复杂了，太累；将复杂的工作变简单了，贡献”！其实，人类一直在进行着各种科技的研发，目标就是将工作和生活尽量简单化。将工作简单化之后，工作效率势必会得到提升。

为了将工作简单化，博恩·崔西博士提出了著名的“崔西定律”，他认为任何工作的困难度与其执行步骤的数目的平方成正比。比如，完成一件工作有 3 个志向步骤，那么一项工作的困难度就是 9；完成另一项工作有 5 个执行步骤，则此工作的困难度是 25。所有高效人士都是“崔西定律”的拥护者，因为遵守这个顾虑让他们养成了精简工作的习惯。任何多余的环节，能省则省，省一个环节，就避免一个工作延误的可能，也能提高工作效率。

二、怎样做能提高工作效率

（一）去除工作流程中的冗余环节

华为集团总裁任正非向华为全体员工发出过明确的指示：让一线直接决策！之所以做出这样的决定，是因为在一线奔忙的员工最了解具体状况，如果在中间设置过多的流程控制点，会阻碍上传下达的流畅性，降低工作效率。因此，必须去除冗余环节，让工作流程的各个环节得到精简，是优化工作程序、将有限资源用到更有执行性的流程中去，才能充分全面地提高工作效率。

受到任正非的政策鼓励，华为人在工作中很愿意制作和分析工作流程图，每分析一次，就能发现一点流程中的冗余。比如，一位华为中层管理者在一年时间里，就累积去掉了各种冗余环节50多个。有人为其粗略估算了一下，省下了至少1000个小时，也就是40余天。由此可见，去除流程中冗余环节是多么重要。针对重复、冗余环节的简化，可根据控制目标来确定关键的内部控制程序，再分析这些关键的控制程序，确定是否存在重复之处，是否存在优化的可能。

（二）工作需要“断、舍、离”

断绝不需要的物品，舍弃多余的物品，脱离对于物品的执着，这就是工作中的“断舍离”。工作已经让我们很疲劳了，不能再让过多无用的东西牵扯精力。必须要从堆砌的负重中解脱出来，为你带来工作效率的提升和精神压力的减轻。那么，应该如何在工作中断、舍、离呢？

1. 抽时间整理电脑。

如今任何工作都要用到电脑，什么文件也都存在电脑里，如果电脑中的文件十分混乱，一定会影响工作的效率。如果电脑中的文件很有条理，能在一定程度上提升工作效率。

第一，桌面上不保存文件。打开一个电脑，如果有好几排图标，你一定会感觉很乱。其实，根本没必要将文件逐个都放在桌面上，因为放在桌面上就等于存在C盘上，一旦电脑发生故障，C盘上的文件很可能没有了。所以，要将桌面上的文件进行分类，再归类到各个专类的文件夹中，然后将文件夹存储到其他盘符中，文件夹要写清楚名字，方便日后寻找文件的时候能快速找到。

第二，将不经常使用的软件删掉。曾经看到某人的电脑安装了很多软件，有些用的次数很少，有些从来没用过，有些根本不知道是什么，也不知道什么时候安装的。像这样的软件，都要删除，既能保证桌面的整洁，又能提升电脑的使用速度。

第三，文件夹不超过三层。虽然文件夹下可以一直新建子文件夹，但不断点开层层的文件夹去寻找资料，也是非常耗时的。一不小心，你的重要资料就淹没在一层又一层的文件夹中了。因此，要确保文件夹最多不超过三层，尽量在目光所及的范围内横向平铺，让自己对工作能一目了然。

2. 对办公桌进行整理。

一项成功学的研究发现，工作中的高效人士，其居家环境和工作环境都十分干净整洁。有句话叫“一室不扫何以扫天下”，房间能够反映出一个人的生命状态。

办公环境也是如此，办公桌杂乱无章会分散注意力，长此以往将养成不严谨的工作态度；而桌面整洁的人工作起来通常都是干净利落、条理清晰的。

第一，将办公文件有序地归档整理。先将那些已经过期的、无用的资料丢弃；那些现在不需要但日后还需要的资料，要整理出来单独存放；那些正在使用的、重要的资料放在办公桌离手边最近的地方，方便随时使用。有用资料要进行分类存放，最好在存放的文件栏上写好标签。

第二，办公桌上不要放太多与工作无关的东西。可以根据自己的工作性质放一些需要的小工具，比如文具盒、笔筒、文件夹等。

第三节

图表工作法：信息可视化，工作更直观

工作中常用到一些图表，能够帮助我们更直观地看清工作的流程和全貌。就像 Twitter 的联合创始人伊万·威廉姆斯所说的：“我发现，有了各类图表的辅助，工作就像有了生命一样，它们都鲜活地站在我的面前，同我交流，帮我分析。我做的每一个决定，都至少有一张图表在背后支撑。”

与伊万·威廉姆斯有着共同感受的人很多，比如 Uber 的创始人特拉维斯·卡兰尼克，他对图表简直到了痴迷的程度。他常用的图表有甘特图、鱼骨图、时间序列散点图、定位图、频数图等。

下面将对这些经典的图表进行详细介绍。

一、“甘特图”——监控方案的实施过程

说到如何监控方案的执行过程，有很多种不同的方法，但最便利、最精确、最清晰，适用度最为广泛的是“甘特图”。

“甘特图”又称“横道图”、“条状图”。由亨利·甘特在 1917 年开发而成。其内在思想简单，基本是一个线条图，横轴表示时间，纵轴表示任务（项目），线条表示在整个期间上计划和实际的活动完成情况。它能够直观地表明任务计划在什么时候进行，以及实际进展与计划要求的对比。

执行者能很快弄清一个方案已经做了哪些工作，还剩下哪些工作，借此评估方案的执行是提前还是滞后。

甘特图的特点是突出方案执行管理过程中的时间要素，主要表现在三个方面：

1. 计划产量与计划时间的对应关系。

2. 每日的实际产量与预定计划产量的对比关系。

3. 一定时间内实际累计产量与同时期计划累计产量的对比关系。

甘特图具有简单、醒目和便于编制等特点，在各个领域被广泛应用。常见的表现形式如下（见图 9－3）。

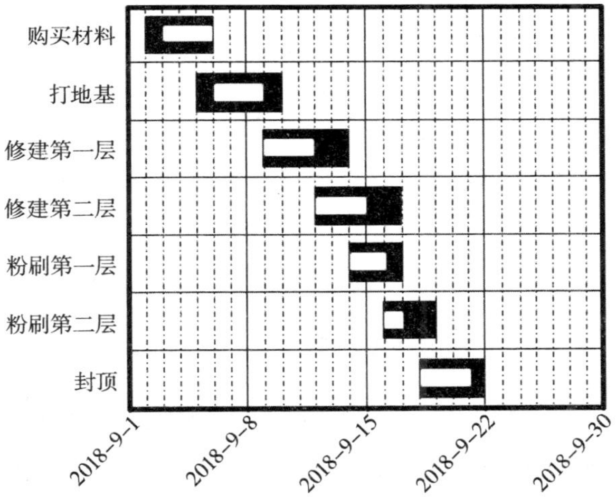

图 9－3 "甘特图"的具体应用

这就是用甘特图跟踪修建房屋的进度。

1. 该图的横轴表示完成计划所需的时间（本例是修建房子所用的时间），轴长表示 2018 年 9 月份，共 30 天。

2. 该图的纵轴表示所完成计划的每一个项目或阶段（本例是修建房子的七个步骤），顺序为由上至下。

3. 该图中黑色大框表示原定计划完成每一个阶段所需的时间，包括买料预计用4天，打地基预计用5天，修建第一层预计用5天，修建第二层预计用5天，粉刷第一层预计用3天，粉刷第二层预计用3天，封顶预计用4天，共预计用29天工时，截止完成工期到22号。

4. 图中白色小方框表示实际完成每一个阶段所需的时间，很明显每一个阶段都是提前完成任务，买料用3天，打地基用3天，建第一层用3天，建第二层用3天，粉刷第一层用2天，粉刷第二层用1天，封顶用3天，实际共用18天，截止完工日期提前至21号。

该工程虽然完工日期只提前了1天，但阶段工时却节省了11天，这是很大的一笔人力和物力的节约。若是没有甘特图的持续跟踪，很难做到如此精确的工时衔接，自然也就没办法做到节约工时。

可见，甘特图能够让人一目了然地了解正在执行的方案的名称、开始时间、工期长短、任务类型和是否依赖于哪一项任务。可以计算整个方案中每个单项任务的工时量，确定单项任务的执行人员及适时按需调整工时。

二、用“鱼骨图”推出因果关系

“鱼骨图”又称“特性要因图”，是有系统地整理工作的结果和原因，运用的主要目的是对问题的要因进行解析（见图9－4）。要因解析将现状问题点中最明显地方加以突出分析，常常跟对策的研讨紧密相关。当原因很明显时，往往对策也很明显了。

此图中，横向粗箭头是主干，支撑整个问题；箭头处前方的方块是问题的核心头部；粗箭头上方的三个箭头及其连接的三个长方形、粗箭头下方的三个箭头及其连接的三个长方形，都表示问题的主因。

鱼骨图的形状不是恒定的，需要随着不同问题而随时转化。除了支撑问题的主干和核心头部属于必有的，其余部分可以随意增减，最少两个，最多视情况而定。每个问题主因还可以分支出更多的主要分支原因，而每

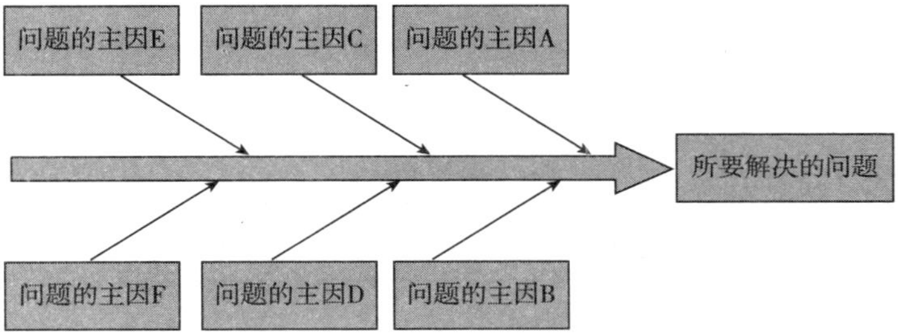

图9－4　“鱼骨图”的简单图示

个主要分支原因上还可以再分出次要分支原因，总之只要任务需要就可以不断分支层别（见图9－5）。

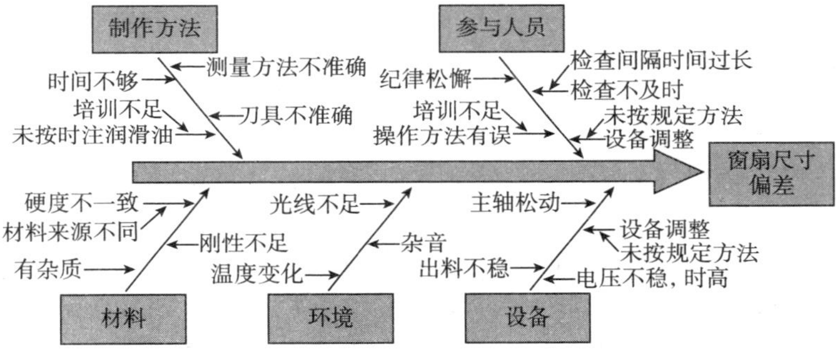

图9－5　“鱼骨图”的具体应用

特性要因图是追究问题原因的方法，并非提出对策的方法，请在具体运用时特别注意这一点。

三、其他图表——时间序列散点图、定位图、频数图

“时间序列散点图”也称为“运行图”或“趋势图”，是一种展示某个过程如何随时间变化的图表，可以让人在问题发生时注意到问题随时间变化的情况（见图9－6）。

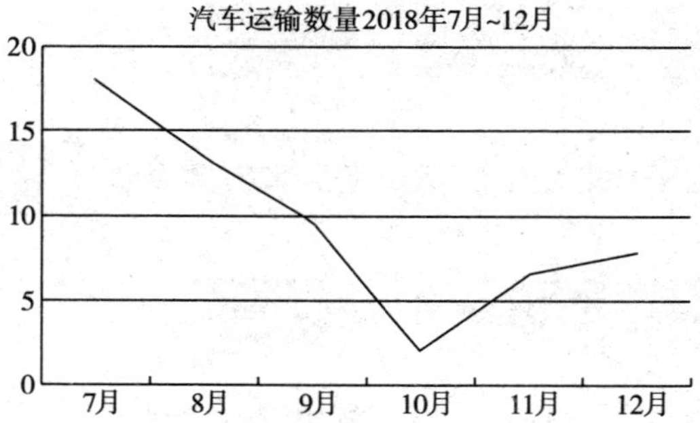

图9－6 “运行图”的图示

“定位图”又称“集中图”，是一种展示某个问题在什么时间段出现的最频繁的图表。使用集中图时，只需要直接把数据写在图上即可（见图9－7）。

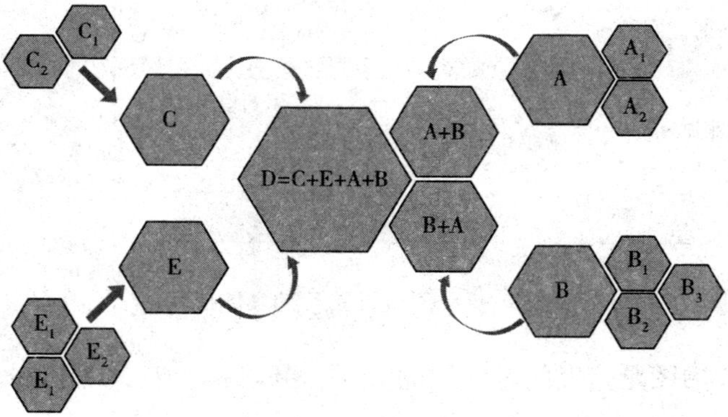

图9－7 “定位图”的图示

“频数图”是一种用来展示某个特定数值在问题中发生频率的图表，也可以用柱状图和散点图代替（见图9－8）。

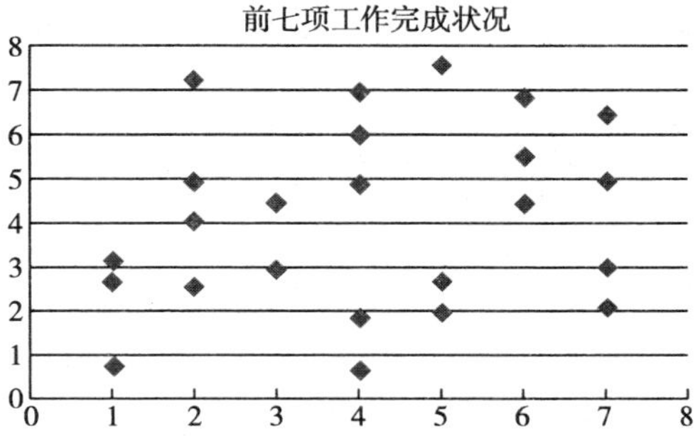

图 9－8　“频数图”的图示

第四节__________

单核工作法：合理安排工作优先级

这是瑞典个人生产力咨询师斯蒂芬·诺特伯恩格提出的工作方法，通过确定任务的优先级，一次专注于一项工作，而集中注意力，提高工作效率。

诺特伯恩格之所以提出这个工作法，是因为他发现越来越多的人在工作中倾向多任务进行方式，就是同一时间进行两项或两项以上的工作。他们认为这样会提高工作效率，因为可以同一时间完成更多的工作。但多项科学实验已经证明，多任务工作方式并不能提高工作效率，相反还会因此给人们造成注意力障碍。现实中，“多任务者”总是难以集中精力，任何东西都会让他们分神，如此状态下如何提升工作效率呢！

“时间是无法省略的，所有的工作都需要花费一笔时间。”潜能大师安东尼·罗宾这样告诉我们。所以，应该将工作进行一份整理，制定合理的工作优先级，先做最应该做的。下面向大家介绍怎样制定合理的工作优先级。

一、用“日程表”取代“任务清单”

“任务清单”是如今很常用的工作管理方法，它可以帮助我们梳理一天的工作内容，提高工作效率。但任务清单存在着三个问题：

1. 它不能将任务的类别和用时进行区分，无论是需要几小时还是只需花几分钟的。

2. 任务清单很容易会让你去做“紧急”的事，但其实并不是真正重要的事。

3. 一份满满的任务清单会不断提醒我们有很多待办的事，会造成很多不必要的压力。

因此，顶级成功人士没有任务清单，但他们会有一个井井有条的日历。如果你真想完成一件事，你会为它安排出时间来。因此，将你的任务安排在日历表上会解放你的大脑、减轻压力，从而提高工作效率。

用日程表替代任务清单，日程表需要遵守如下原则：

1. 需要安排整块时间处理重要的事，这是“封闭时间”。

2. 重要的事情应该尽量安排在一天中的早些时候，那时候精力最充沛。

3. 在必要的时候，需要对目标进行重新安排。

4. 还要学会主动拒绝那些不在规划内的请求。

二、通过“任务矩阵”判定解决问题的优先级

一些管理学大师将矩阵的概念引用到工作上，这是很方便也很实用的方法。我们根据完成工作时各项任务的重要性和紧迫性进行分类，画出自己的“任务矩阵（见图9－9）”。拿出一张纸，分成四部分，列出四个标题，在每一个标题下面写出任务。

重要而紧迫的： 1. 2. ……	紧迫但不重要的： 1. 2. ……
重要但不紧迫的： 1. 2. ……	既不重要也不紧迫的： 1. 2. ……

图9－9　区分任务重要性与紧急性的“任务矩阵”

在写下每一项任务时，一定要问问自己：“完成这项任务对解决问题

到底有多大帮助?”写好后，把你的任务矩阵放在手边，随身携带，依照矩阵中的任务顺序执行。当然，我们在工作时难免会走弯路，将紧急的任务划到不紧急里边，将不重要的任务放到重要的里边。只要发现了错误，就要立即调整，重新开始先做既重要又紧急的任务。

三、如果无法确定优先级，就先行动起来

A 打算阅读《千纸鹤》《世界简史》《双城记》《人类群星闪耀时》等二十本书。但从哪一本开始读却成了难题。先看了几天《千纸鹤》，又去看《世界简史》，几天后又看《人类群星闪耀时》了。结果半年过去了，这二十本书只看完了一本，还是稀里糊涂的。

计划得挺好，却在执行时出了麻烦。这就是人们常说的“选择困难症”，困难的产生通常是害怕失败或是想得到更好的。比如，A 选项、B 选项、C 选项……哪个都有可取的地方，哪个又都有不可取的地方（见图 9－10）。

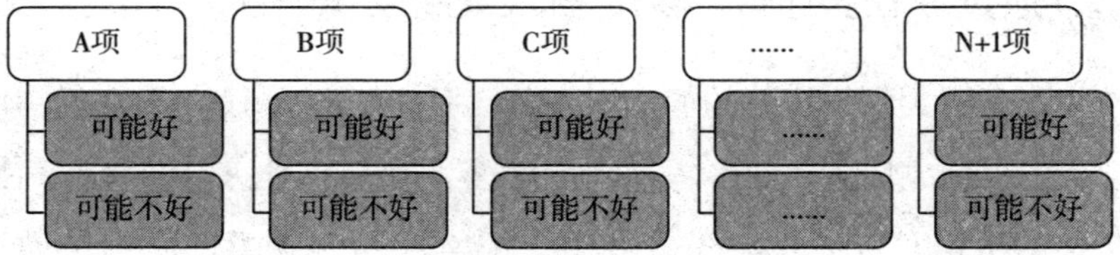

图 9－10　选择时困难症

正因为每个选项都各有利弊，才会纠结于选哪个来解决这个难题。其实，现实中确实有很多工作或学习不能决定优先级，此时就需要果断，找出一个先做着，那么，这个找出来的那个就自动默认为优先级最高。在此后的工作或学习进行中，在这项默认的最高级的工作执行完之前，不能被干扰和打断。

当然，这种状态下也无需做长远的计划，只要制定短暂的计划即可。比如“未来三天的×××计划”“未来一星期的×××工作计划”“解决×××问题的计划”。

第五节

清单工作法：做一项工作打一个勾

所谓“清单工作法”，顾名思义就是将工作列在清单上，然后按照清单上所列的一项一项的完成工作，完成一项打一个“√”。

工作千差万别，不能只用一种清单方法全部概括，因此要将清单进行多种变形，以便适用于不同工作。

清单工作法有四项好处：

1. 减轻焦虑。如果不列清单，多项工作会让人感到焦虑不安。当列了任务清单后，就有了整体思路，开始进入“单一任务执行模式”。

2. 理清思绪。列清单能帮我们理清思绪，只需要一步一步按照清单所列将工作执行完毕即可，只有需要紧急调整时，才需要重新列清单。

3. 变得专注。通过列清单，可让注意力集中在所列的各项工作上，也不怕工作被打断。即便有额外工作插进来，可以先在清单上注明，然后专注于正在进行的工作。如果插进来的工作紧急，就在清单上进行标注，待临时工作做完后，再回来接着完成清单上的工作。

4. 强化成就感。看着清单上待办的工作一项一项被划上“√”是一件非常有成就感的事。自尊心、自信心都会增强，做工作会更有动力和效率。

下面通过两种方式的清单来看看该方法如何具体执行。

一、将“最不想做的”那部分列在最前边

当我们面对最不想做的工作时，就会激发心理惰性，此时一个安慰我们的声音也会出现在脑海，“迟早做完就好了，这次就先不做了”。但我们仍然会时常想起那些“最不想做的”，因为我们心里很清楚“还有事情必须要去做”。如果我们被这样的心理状态缠住，想要成为高效人士是不可能的。因为高效人士从来不会因为某项工作有难度就搁置起来，该做的就坚定去做，再难啃的骨头也会被一口口地消化。

为此，美国心理学家卡尔·罗杰斯为这种情况找到了解决办法，就是将“最不想做”的任务列在任务清单的最前边（见图9-11)。罗杰斯的用意是，在最具耐心的开始阶段去解决最难的任务，可以让人更快地投入。该图形的最上面面积最大，代表工作的难度最大。越往下面积越小，代表工作的难度越小。我们在完成工作时，要至上而下进行“覆盖”，把让我们最发愁的工作先完成。其中，“想做但不容易的工作”总是在“容易但不想做的工作”下方，说明只要心中愿意做，困难一些没有关系，如果不愿意做，再简单也觉得困难。

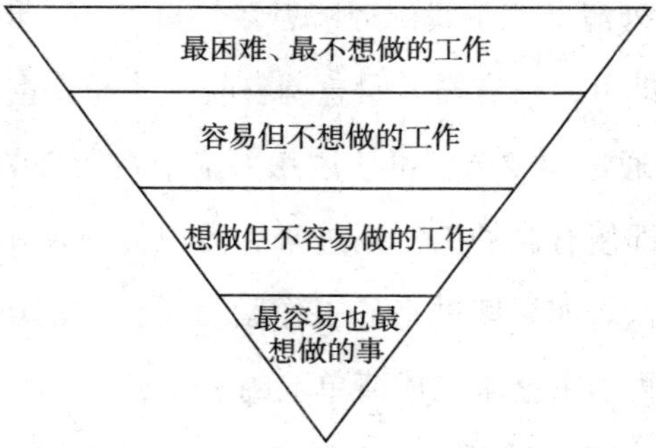

图9-11 将“最不想做的”列在清单中的最前位置

当然，这个清单图形不限四层，可以根据自己的需求列出N层，但不

论多少层，顺序永远是由上至下的。

二、正向列表，反向操作

根据实际情况，把必须要做或者想要做的工作列成清单，按重要程度排列。很紧急也很重要的工作在最上面，不太要紧但又必须要做的工作排在下面（见图 9－12）。

这是列表的正向方向，最关键的任务处于最高的位置上。但是要注意图中的箭头，是向上的，说明具体操作是由下至上。先做下面的“不要紧但又必须做的”工作，来规避紧要任务带给我们的内心压迫感，以较为轻松的状态完成。当完成了一两件不要紧的工作后，会形成工作的节奏感，就会很自然地向上执行，将工作一项项完成。

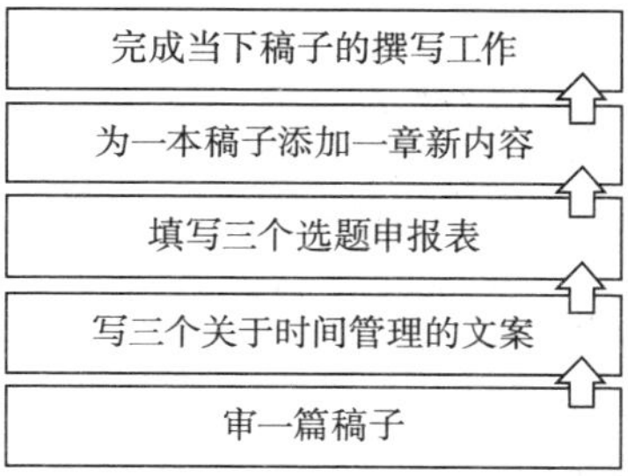

图 9－12　按重要程度排列的任务列表

第六节

维珍工作法：管用的方法再老也不过时

一、什么是维珍工作法

该方法是总结维珍集团创始人理查德·布兰森的工作方式而得出的。在其取得巨大成功之后，被问及对他来说什么是最重要的物品时，他回答说：“听起来也许很可笑，但我总会在背包里放一个小小的笔记本。我旅行时，首先想到带在身边的是这个笔记本，没有这一页页纸，我绝不可能将维珍集团拓展到如今的规模。”

那么，布兰森带着小本子要记录什么呢？他要记的内容很丰富，比如工作的进度，日程的安排及修改，对于工作状态的满意程度，工作的总结，新增长的见识，一个突发的想法，一个不错的点子。总之，想到什么与工作有关的，他就记录什么。有一次，布兰森在飞机上闭目养神，顺便想一想接下来要办的事情，突然想到一个关于生意的想法，赶紧拿出笔记本记上。记录的过程中，又关联到其他事情，又有了一些想法，但笔记本已经记到了最后一页。布兰森向空姐要来餐巾纸，写在上面。临下飞机的时候，他又想到与人谈判时要提及的重要的问题，为了怕忘记，干脆写在了护照上。

这就是“维珍工作法”，总而言之就是各种做记录。不要小看这样不间断地记录，其中不仅是对当下工作的负责和谨慎，更是一种持续的对工作的精进。对这种方法，拥趸是很多的，希腊船舶巨头亚里士多德·奥纳西斯就是坚决的拥护者。他在《价值百万的一课》中提到：“随身带一个笔记本，把突然闪现的想法、对新见的一些人的了解以及有趣的事情都写下来。如果你不写下来，那么你就会忘记。这是你在商学院里学不到的、价值百万的一课。”

二、维珍工作法记笔记的方法

第一，用手记笔记，不用笔记本电脑或手机。

使用纸质的笔记本比使用笔记本电脑、平板或智能手机的记录效果更好。因为手写笔记需要听力、认知过程和回忆等一系列过程的共同参与。笔尖在纸张上划过后，给人的感受很真实。而且也有助于回忆，因为曾经写过，回忆时会很容易想起那个场景。

第二，用质量好的笔记本。

如果有两个本子，一个质量很好，一个质量一般，记在上面的东西哪个更有价值呢？显然，大多数人都会认为记在质量好的本子上的内容更具价值。就像好马配好鞍一样，人的潜意识都认为越有价值越要去重视。所以，当我们准备了很好的笔记本，然后在上面记录我们的想法，就会莫名地产生一种成就感。我个人非常倾向使用鼹鼠皮笔记本，这种高质量的皮面本产于意大利，价格在 9 ~ 25 美元不等。

第三，记录必须简练，避免长段文字。

我们是要做记录，记下当时的一点火花和灵感，而不是做作业，要长篇大论。所以，一个问题尽量在一句话内表示清楚，多个问题就分成简短的几句表示，但相互之间要进行关联，表明是在同一天、同一个场合或心境状态下想到的。

第四，只记录关键的想法。

不能有个本子，然后想到什么都往上记，记满之后再换一本。如果随便记录，记笔记的神圣性就会消失掉，渐渐变成了写日记，甚至是抒发情感。这样无法让自己精进。

第五，记录是保持工整，记录后要进行整理。

虽然是临时的记录，但也不能太随意，要保证字迹工整，放慢一点速度写。其实，慢点写有利于在书写期间再次整理思路，也能让头脑恢复冷静。而且，每隔一段时间要进行一次整理，也相当于是一次系统性的总结。整理不是简单的重新抄录，而是要对当时的记录做出分析和评价。

第六，要时常回看。

不能当时记下来，以后就再也不管了，那样的记录是没有意义的。一段时间要回去看看（看原版记录或整理后的记录都可以），一是能重新吸取营养，二是有助于分辨曾经记录的价值，三是在此基础上或许能够继续产生灵感。

上述六点是采用“维珍工作法”必须要做到的，缺少任何一点，该方法都不是完整的，都有可能产生偏差。下面，我们用美国杰出的商业哲学家吉米·罗恩的话结束本节：“我们有三大珍宝需要留给后代，那只能是你的照片，你的图书收藏，你的日志（不是日记）。”罗恩认为，那些被你拾起的想法、主意以及你小心翼翼收集起来的讯息，是价值连城的巨大宝藏。因此，如果你真的很认真、很严肃地想要变成一个富有的、有权力的、有影响力的独特的个体，那么就选择记录日志。

第十章

自我赋能：让你的能力水平永远高于问题难度

高效人士一定是一个善于给自己赋能的人，他们了解自己的优点和缺点，知道如何规避缺点，将优点极致发挥。他们有计划地学习知识，有目的地复盘工作，有阶段地升级自我，最终成为问题解决的高手。

第一节

只有不断赋能，才能应对不确定的未来

赋，就是赋予；能，是能量。综合起来，就是“赋予能量”。那么，赋予谁能量？又赋予怎样的能量呢？

当然是赋予自己能量，而且是用不断精进的方式，赋予自己能从容面对不确定未来的能力，也就是让自己的能力永远高于出现的问题。

现在进入正题，毕竟未来已来，我们需要做好准备。

请思考一个问题：10 年后，或者 20 年后，你会从事什么样的职业？成为怎么样的人？在哪里生活？生活质量如何？如果想要一直问下去，这样的问题还有很多，因为我就很好奇未来的自己能是什么样，只是我回答不上来，以为真的难以预料。

那么，你能回答出来吗？或许你也答不出来，不要紧，这是正常的。因为，我们所处的时代，早已不是能够看得到未来 10 年、20 年以后的时代了——变化几乎每天都在发生，因此充斥着太多的不确定性。为什么如此强调不确定性？因为社会的大环境已经改变了。曾经，我们强调“人生梦想”，最流行的说法是“要做好长期规划，再配合短期计划”，然后一步步去实现自己的人生目标。这种观念基于的大环境基础必须是：稳定的，可观察的，可预测的，至少以“年代（十年）”为一个周期。但现在全然不同了。再伟大的企业或个人也不敢说“我能预计10年后的未来”，就更不要说几十年后了。马克·扎克伯格说：“如今我们强调的，是演化，适应，不断转型。”

前不久，一次腾讯访谈中提到：腾讯做战略从来只看三年。为什么？因为三年后的未来，没有人能看得出来。不只是腾讯，很多大型企业也都持相同的观点，长远规划的只能是远景和使命，战略制定则落实在1~3年内。因为每过一年，政策、科技、产业、资本等大环境，都可能发生巨大的改变。如今的常态是，一家企业不到一年需要转型一次，不转型就可能死掉。企业的战略已经变了，个人的战略也要跟着变。曾经，选一个热门的专业，是莘莘学子的最大追求。因为追求的是稳定，但如今稳定的概念已经被丢进垃圾桶了。

这个时代的最大特征早已不是“稳定”，而是“不确定”，最关键的能力也不再是“预测”，而是“适应”。那么，在这个时代，如何才能适应“不确定性”，最大化自己的适应能力呢？这就用到了我们开篇讲到的“赋能”，为自己赋能，赋予自己持续不断适应新环境、新变化的能力。下面，从赋能的角度谈谈我的一些心得。

一、拥抱未来的可能性

美国作家纳西姆·塔勒布所著的《反脆弱》中，讲到经济领域著名的“杠铃策略”。该策略的优点是能够抵消利率波动对银行证券投资总收益的影响。

假设你有100万，你想做怎样的安排呢？可否把90万放在银行里，买保本产品，其余10万用来投资高风险的目标？这样，你最大的损失也就是全部的10%，但你的收益可以非常大——因为高风险的投入可能带来的回报也很大。澄清一下：不是建议投资，只是为了说明一个问题——有时候追求100%的确定性和可控性，未必是最好的方式，因为这样做没有风险，但也难以有回报。

管理学中有相应的理论：很多时候，一个企业的竞争力并非来源日常运营，而是源自创新。让创新产生的最好方法是创造一个环境，给员工一定的自由度和灵活度，让各种想法碰撞，让新的火花自然诞生。也就是说：保持90%的“可控性”，用在确定的日常项目和运营；留出10%的空间给“可能性”，让它自然萌芽、生长。

作为个人，也应该重视这一点：不再追求100%的可控性，而是勇敢地去拥抱可能性。除了日常工作和按部就班的路径，有没有别的东西可以尝试着投身进去，去探索和实践。或者加入一个圈子，研究一个新兴产业，投资一项副业，学习某项能力……无论如何，保持一些“额外”的东西，拥抱可能性，才能在变革到来的时候，从容面对，并从中获益。

二、可复用的“方法论”

过去的时代，我们着重强调“经验”。但未来的时代，我们更需要关注的是“方法论”。这两者区别何在？经验关注的是“怎么做”，往往跟情景绑定，难以复用；方法论聚焦的是“怎么想”，可以复用，帮助你理清思路和逻辑，指导你想清楚“做什么”“为什么”和“怎么做”。方法论指导你的这些，才是真正属于你的财富。经验可以比作模型，而方法论就是模型的机制、原理和背后的思维模式。模型本身并不重要，重要的是模型背后的方法论，这些才是真正可复用、能够不断产出价值的源泉。因此，方法论就像是你随时可以调用的一整套可复用的“工具箱”。无论你去到什么地方，转型到什么行业，你都可以把“工具箱”带在身上，应用到新的项目和模式上。那么，要如何做到这一点呢？我将其细分为两个维度的能力。

第一个维度是“向内”。将经验和操作内化以后，再构筑起来，包括认知、记录、复盘、总结归纳（见图10-1）。

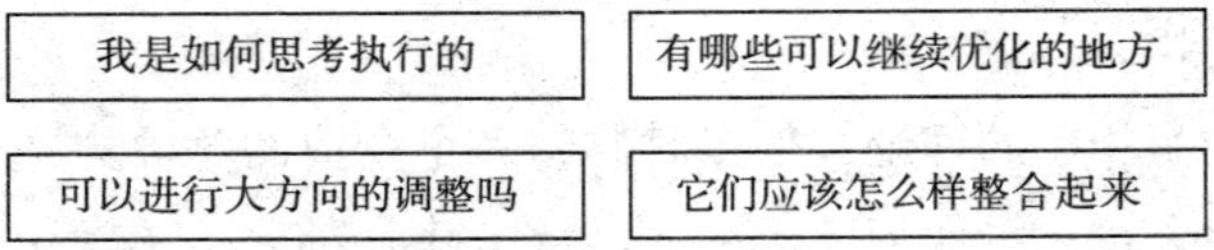

图 10－1　方法论的“向内维度”

第二个维度是“向外”。不断地去拓展这个方法论的外延，吸取新信息、新方法，对其进行迭代，不断升级（见图 10－2）。

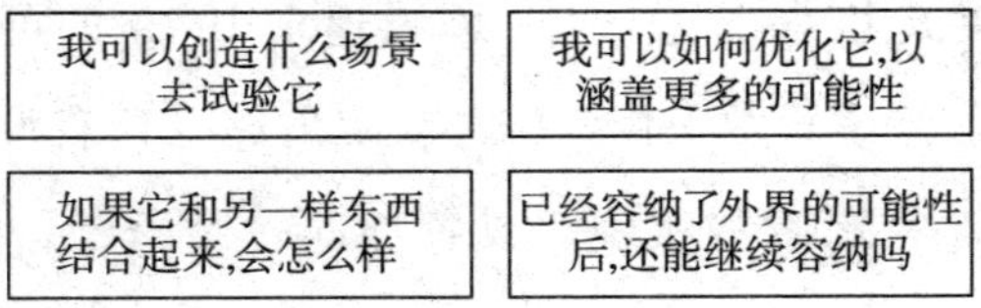

图 10－2　方法论的“向外维度”

在时代巨变之时，没有人能完全规避它的冲击，必须不断完善自己、提升自己，去适应时代。既然 5 年规划都觉得长了，那么不妨思考一下你的 3 年规划是什么。

第二节__________

了解自己的优势和劣势

每个人都具有自己的优势和劣势，这是毋庸置疑的。那么，你知道自己有什么优势和劣势吗？也许这样突然一问，会让你有些茫然，因为你不知道自己的优势和劣势所在。果真如此，也不必焦虑，因为不知己长也不知己短的人绝非你一个，而是大多数人的真实状态。但这绝对不是你可以放任自己不了解自己的理由，毕竟我们需要知道自己在哪些方面有优势，在哪些方面存在弱势，因为我们需要让自己在工作中得到更好的发展，而了解这些方面有助于我们拓展工作能力。

就像日本保险业泰斗原一平年轻时的经历那样，从不了解自己开始，到走向了解自己的光明之路。27 岁的原一平进入日本明治保险公司开始推销生涯，但是，因为业务能力不够，他连饭都吃不起，还要露宿公园。直到有一天，他经人指点，明白了要先改造自己，才能影响别人，而改造自己的前提是要了解自己，认识自己。

了解自己的优势，其实就是找到自己最擅长做的事，而了解自己的劣势，也是通过找到自己最不擅长的事。下面进行分别阐述。

一、集中精力做最擅长的事

“我之所以成功，不是因为我最努力，而是因为我只做自己最擅长的事情。”这句话出自德国钢铁大王奥古斯特·泰斯。泰斯年轻时渴望当作家，每天埋首写作，但10年过去了仍然毫无进展。他痛定思痛，决定改变。在尝试经商后，竟然一发不可收——原来他最擅长的在这里！仅仅几年时间，泰斯就将父亲留下的小工厂发展为萨克森州最大的钢铁工厂。

调查显示，全世界四分之一的人因为找到了自己擅长的领域，而将自己的才能发挥出来，他们的所长与努力仿佛形成了永动的能量环（见图10－3）。另外四分之三的人，或是不知道自己擅长什么，或是与所长背道而驰，始终没有奋斗在应该涉足的领域内，导致终生一事无成。

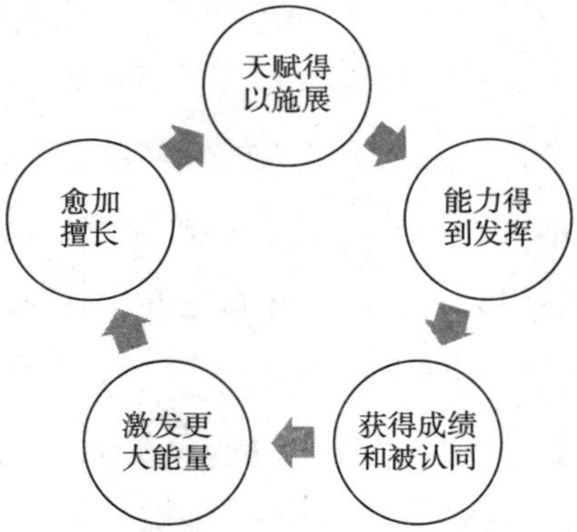

图10－3　“永动能量环”图示

这是一个无解的“能量环”，一环扣一环，不断为下一环提供能量，然后旋转起来，能量环会让你持续保持自律的能量。记住，做你所擅长的，擅长你所做的，是自我赋能必不可少的条件。

二、“三纸相连”发现自己的优势

很多人会问：“我怎么知道我是否正在做自己擅长的事情？”或者：

"我怎样才能发现自己的优势呢?"其实，发现自己的优势，并不是一件困难的事情。这是一种建立在自我认知上的事情，人们会受到内心各种欲望的遮盖，难以从其中看清楚自己的专长。因此，你想发现自己真正擅长的事情，你就必须诚实地面对自己的内心，聆听内心的声音。我们给大家提供三个步骤，用以发现自己的专长：

第一步，列表。

将自己曾经做过的事情，尽可能多地逐条列在纸上，并对每一件事情的成败进行标记（见表 10 – 1）。成功的划"√"，失败的划" ×"，然后将成功的事情单独列在一张纸上，总结出这些事情的共性，这个共性就是你的优势。

表 10 – 1　自己曾经做过的事情

做过的事（不按时间顺序）	成功的	失败的
写侦探小说		×（自己不满意）
养花		×
开车	√	
经营书店（包括网店）	√	
售卖彩票		×（抵挡不住诱惑）
做网络直播（台球）		×
当歌手		×
饲养赛狗		×
开塔吊	√	
写历史故事	√（自己满意）	
炒股票		×
图书馆管理员	√	
写足球评论		×（自己不满意）
……		

由上表可知，此人对书籍比较偏爱，写东西是比较喜欢从事的，而且经营书店和当图书管理员都是成功的，写历史故事也使自己满意，写足球评论和侦探小说不能算失败，只是自己不满意。而且，此人的操作能力比较强，开车和开塔吊都是成功的。

第二步，倾听别人的意见。

虽然相信自己很重要，但懂得博采众长也很重要。别人的意见可以让我们更清楚地认识自己。因此，要向身边的人询问对自己的意见，从他人的意见中寻找自己的优点和缺点，并将其中的优点汇总列在一张纸上，总结其中的共性（见表 10－2）。在此有一点必须强调，倾听他人的意见时，有两种人需要回避，一种是总夸奖你的人，另一种是性格较为偏执的人。

表 10－2　向他人询问对自己的意见

他人优点意见	他人缺点意见
读书很多	控制情绪差一些
懂得不少	做事不够认真
头脑很聪明	喜欢评论别人
口才不错	行事作风容易变化
做事的灵活度可以	欠缺自律
有一定精细度	时间规划能力不足
……	……

由上表可知，他人的优点建议集中围绕在“读书”方面，还有灵活性和精细度，而缺点则是做事不够体系，不够坚持，不够有毅力。

第三步，合并总结前两项。

将第一步和第二步所总结出的优势项目或者优点方面，列在同一张纸上，然后寻找共同项目。这些共同项目，就是你所擅长的事情（见表 10－3）。

表 10－3　总结上两步的共同项

<table>
<tr><th>第一步总结</th><th>第二步总结</th><th>共同项目</th></tr>
<tr><td>开车</td><td>读书很多</td><td rowspan="6">1. 与书籍相关的工作做的不错，灵活度和精细度的优点比较适合写作类工作
2. 缺乏自律、不够认真、不能掌控情绪等方面，可以在写作过程中逐渐改进</td></tr>
<tr><td>经营书店（包括网店）</td><td>懂得不少</td></tr>
<tr><td>开塔吊</td><td>头脑很聪明</td></tr>
<tr><td>写历史故事</td><td>口才不错</td></tr>
<tr><td>图书馆管理员</td><td>做事的灵活度可以</td></tr>
<tr><td>写足球评论</td><td>有一定的精细度</td></tr>
</table>

到此还可以另外加一步：寻找实际总结与内心期望的契合度。将内心期望做的事也逐一列出来，并对每件事的期望度进行标记。非常期望的划“◎”，一般期望的划“△”（见表10－4）。然后将非常期盼的单独列在一张纸上，总结出这些事情的共性，这类事情就是你最想做的。

表10－4　自己内心期望做的事情

内心的期望	期望的程度
观看足球比赛	◎
养蜂	△
成为警察	◎
打职业台球比赛	△
看书	◎
写一本自传	◎

最后，对比这张表与第三步的总结表。如果最擅长的和最想做的契合了，那么恭喜你，你是幸运的，可以在最擅长的领域为最感兴趣的事业奋斗了。但是，如果最擅长和最想做的没有契合，那么也不要沮丧，你正在经受成功之前的考验。要怎样做选择？舍弃擅长，还是舍弃兴趣？奥古斯特·泰斯给了我们答案，选择重于努力，所长大于坚持。

三、做不擅长的事情，认识自己的缺点

一只老鹰从天空中直飞而下，抓走了一只羊羔。这一幕被乌鸦看见了，它很羡慕老鹰，准备仿效。于是，它呼啦啦地猛扑到一只公羊背上，狠命地想把它抓起来，但它的脚爪被羊毛缠住了，怎么也拔不出来。尽管乌鸦不断地使劲拍打翅膀，还是飞不起来。我们不知道这只乌鸦的结局如何，但它没有认识到自己的能力，就盲目地效仿老鹰，就如同人不了解自己的缺点就去做超出自己能力允许范围的事情一样，最终得到了不好的结果。我们不仅要知道自己的优势，还要知道自己的劣势。而且越早知道自

己劣势的人，成长得越快。优势让你树立壁垒，劣势帮你补足差距。你越早地全面了解自己，就会越早地脱离自缚的陷阱，并且形成“搭配合作”意识。

所以，我强烈建议各位，趁早去了解自己的劣势在哪里。最有效的方法是逼自己去做那些不喜欢、不擅长的工作，并从中总结出做不好的原因。这样很容易发现自己的弱点在哪里，进而知道自己需要在哪些方面进行改进，如何扬长避短，也能够找到最适合合作的“最佳拍档”。

第三节

只有高效学习，才能不断完成工作挑战

A 希望自己是公司里最厉害的人，B 希望自己的业务能力一级棒，C 希望自己成为某行业的翘楚。可惜，不是所有有此希望的人都能如愿以偿，很多人终其一生，也努力了一生，最终仍然只是不显山不露水的普通一兵。这着实令人费解，他们也努力了，他们也奋斗了，可为什么所得与付出不成正比呢？

在回答这个问题之前，我们还要看到有很多人实现了心中所想，成为了一个“超级个体”。他们的成功原因在于不断地学习。这里我们所说的学习不是普通的学习模式，而是“高效学习”，一种精力、体力、意志力相当的情况下，如何实现更高效率地学习，这是当今的工作人士需要掌握的一门技术。

为什么要不断学习，因为我们需要不断获得新的知识，这是职业的需要和生活的需要。而且，知识已经成了这个时代最稀缺、也最具价值的资源，只有掌握更多的知识，我们才能在社会上更好的立足，实现自己的人生理想。下面，和大家分享几种高效学习的方法，如果学会了，你将不再为如何实现高效学习而头痛。

一、“费曼学习法”——将复盘进行到底

该学习法的灵感来自于诺贝尔物理奖获得者理查德·费曼，也称为“复盘式学习”和“快速学习法”，是在学习的过程中，在不解之时进行复盘，重新寻找解决的思路。具体步骤如下图所示（见图 10－4）。

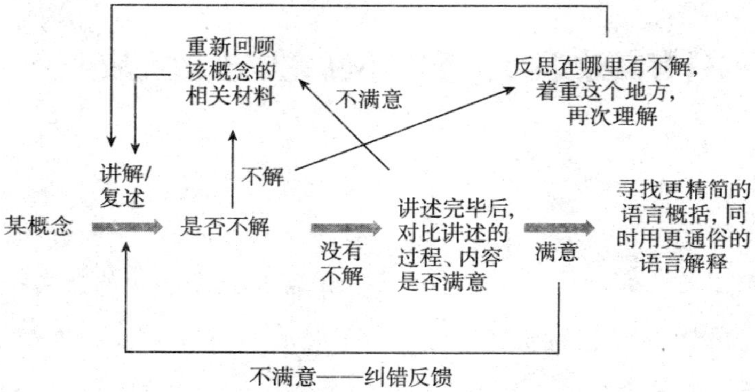

图 10－4 “费曼学习法”图示

第一步，获取某个概念或知识，并且去试着理解这些内容。

第二步，如有不解，就重新回顾，按照教程再次进行讲解和复述。同时还要进行反思，弄清楚为什么不解，然后划重点，着重理解这个地方。

第三步，没有不解就向下进行，用自己的方式讲述所学到的知识。

第四步，如果满意就尝试用精炼的语言去概括和解释这个知识或概念。如果不满意就返回去再次进行讲解和复述，直至满意为止。

“费曼学习法”用在学习理论性和概念性较强的知识时非常实用。可以通过讲解给别人听，来考量自己对概念或知识是否真正理解，如果能够用简洁清晰的语言让别人听懂你在说什么，就证明你真正了解所学的知识，反之则还需要再去认真学习。

二、“SQ3R 学习法”——建立在阅读的基础上

所谓“SQ3R”，就是 Survey（浏览）、Question（提问）、Read（阅读）、Recite（复述）、Review（复习），这五个英文单词的首字母组合。

“SQ3R 学习法”是以阅读为基础的，步骤通常是这样的：

第一步，S——浏览。浏览并不是简单地翻翻看看，在浏览的过程中要注意书籍或文章的重要信息，包括书名、前言、目录、标题、图表、概要、重要知识点等。

第二步，Q——提问。如果是首次浏览，只需要关注书籍或文章中的重要信息。但如果进行第二次浏览，不能再以看为主，还要提出问题，从书名、标题上开始切入，包括各章节承上启下的内容，提出自己心中的疑问，这样有利于激发学习兴趣。

第三步，R——阅读。经过一至三次地浏览之后，就要对书籍或文章进行精读细读了。尤其要对重要的、难解的部分进行认真、细致、反复的阅读，并且要深刻理解。

第四步，R——复述。当对书籍或文章阅读完之后，要进行内容回忆，并且尝试用自己的语言复述其中的内容和知识。首次复述时可以拿起笔尽心记录，并同时回忆第二步所提问的问题，看看自己开始的提问有没有得到正确回答，这样可以检验自己是否读懂了。

第五步，R——复习，任何知识都是需要复习的。“SQ3R 阅读法”建议复习一般在复述的后一两天进行，既可以重温所学的知识，还可以温故知新，从知识里生出新的感悟。

三、“金字塔学习法”——持续关注学习效果

这是一种阶梯式的、以学习效果为指导的学习方法（见图 10 –5）。这

种成效是以学习的两周后能留下多少为依据，当然要留下的越多越好，毕竟没有人在学习之后希望忘记。

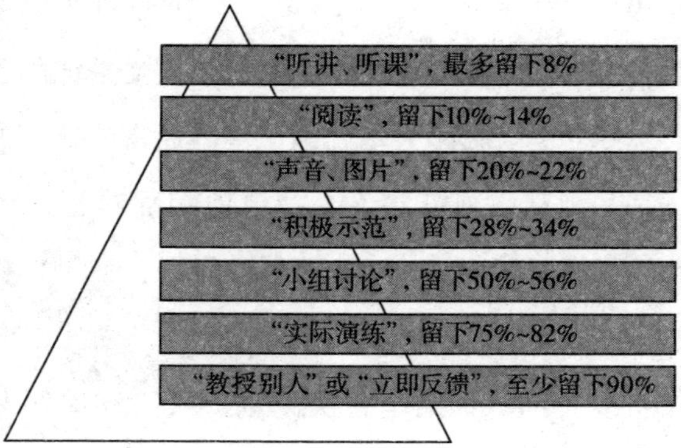

图 10－5　“金字塔学习法”图示

四、“感官学习法”——调动全身所有感知系统

这是人类能够利用的最快速的学习方式，就是用所有的感官去学习，听、闻、看、触都可以。尽量把碎片的知识场景化，把抽象的知识形象化，条件好时甚至可以“闻”到知识、“听”到知识、“摸”到知识。总之，把知识变成身体可感知的东西，可以更有效地帮助我们加工后续的记忆和理解。

同时，知识也可以“情感化”，就是创造一种刺激环境来促进学习。比如给自己奖励，当学习达到了一定效果，就将事先承诺给自己的奖励付诸兑现。当然，奖励不用多么丰厚，自己喜欢就好，目的还是刺激学习的欲望。

第四节

有见识的人，工作能力都不会太差

美国社会学家利昂·费斯廷格说：“只有格局和眼界结合起来，成为有见识的人，工作才能汇聚力量，取得成效。”

对于什么样的人才是有见识的人？很多人并不真正明白，如果解释起来，恐怕要罗列出很多标准，这将是一个庞大的工程。在此，我们借助费斯廷格的解释：“必须要认清自己，想要成为一个怎样的人？兴趣在哪里？天赋在哪里？思考这类问题，就要摈弃过去那些‘以他人为主’错误的认识，重新建立‘以自我为主’的正确认知。”

可见，能够“以自我为主”的人，就是我们常说的有见识的人。这类人的格局和眼界一定不会被近距离的事物所遮盖，更不会因为别人的喜好而改变自己。

放眼望去，这类能守住本心、本性的人，往往是大众眼中的强者，他们拥有辉煌的职业生涯和灿烂的人生。他们在工作中，知道为什么而努力，懂得因什么改变，明白在什么情况下选择坚守，这是具有宏大格局和高远眼界的人才具有的能力，而且是一种非常卓越的能力。

可以说，没有人不羡慕他们和他们的人生。想要达到他们的高度，似乎感觉距离遥远，其实并非如此，归根结底就是格局和眼界的距离，弥补上这两点，我们也可以成为有见识的人，也可以从容地把控自己的人生。下面，就从格局和眼界入手，来看看如何做才能成为有见识的人。

一、眼界——开启向陌生人学习的门

见识可以拆开分别看，一个是见，一个是识。

我本人非常认同 Hulu 公司全球副总裁诸葛越在一篇文章中对见识所下的定义：“见——是不断拓宽视野，让自己看见更多的世界；识——是增加自己的思想浓度，对社会、人性都能有深刻而独立的见解。”我是“罗辑思维”节目的粉丝。罗振宇在节目里经常提到自己向某位朋友请教了某个问题。起初我很诧异，心想都是这么牛的人物了，还要向别人请教？难道是噱头！后来，我由诧异变成了羡慕，而且越来越羡慕罗振宇不耻下问的精神——只要是不明白的，他都会去请教，直到弄明白。而且，罗振宇的请教对象也令人敬佩，他不仅向熟人请教，还向陌生人请教。这样做有什么好处？罗振宇的想法是：这给自己创造听到更多的机会。你明白他的意思吗？如果比较熟人和陌生人的数量，那么熟人的数量犹如沧海一粟，陌生人无处不在，如果能学着向陌生人请教，我们的见识将能得到极大的提高。显然没有比这更快的长见识的机会了。能随时和他人（熟人或陌生人）互动交流，甚至听到高手的见解，然后经过加工，转化成自己的见识。但是，绝对不是人人都有罗振宇的认识，大部分人仍然抱着“不和陌生人说话”的思维游走于世间。

美国社会学家赫伯特·盖恩斯经做过一项研究，比较了波士顿工薪阶层和精英阶层的文化差异。他发现工薪阶层的一个特点是，只相信自己的亲友，重视熟人关系，对陌生人有一种天然的敌意。盖恩斯把这些人称为“都市村民”，就是住在都市里，却仍然是“村民思维”。反观中产和精英阶层的人，则不受亲缘意识的束缚，他们很容易跟陌生人交流，甚至开启合作（见图 10－6）。

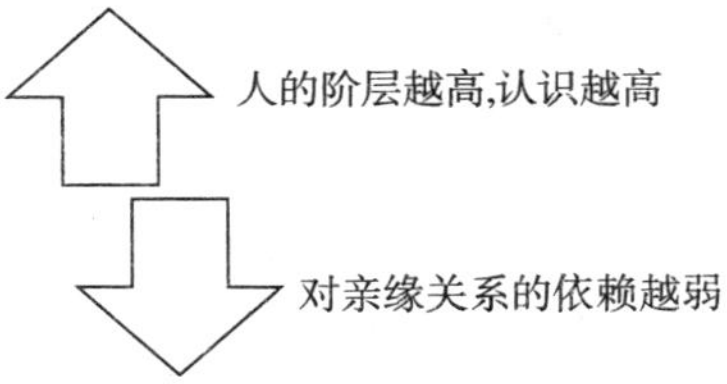

图 10－6　人的阶层与亲缘意识的关系

你想成为有见识的精英吗，先要放下对陌生人的莫名警惕。找到和高手做朋友的机会，当你拥有的优质朋友的数量越来越多，你就一定会拥有不凡的见识。这些见识，会成为你成长的强大助推剂。

二、格局——关闭欲望流进来的通路

看到一句很有意思的话："战略并不意味着获得，而是舍弃。"在获得和舍弃之间，人们总是毫不犹豫的选择获得。认为只要实际的获取到了，只要当下比别人获得的多，就以为是永远获取到了，也永远比别人获取得多。但现实却总是打脸，一些先期得利的，后期不再受益的大有人在；那些前期发展迅猛，后期销声匿迹的企业也比比皆是。如果总结失败的原因，会有 N 条，但归根结底逃不了一个关键原因：没有逃脱欲望的陷阱。但在利益浮沉的世间，仍然有人不忘初心，坚守自己的标准，该得的一分不少，不该得的一点不要。

一位朋友的公众号开创于四年前，定位是"帮你更高效地思考和工作"。最初只有一个大致的框架，具体到写什么内容，做什么产品，提供什么价值，这些都是在一步步探索的过程中，不断思考和完善的。朋友说："像宏观的行业观察和分析，我就不会去做。为什么呢？这些太空、太虚，落不了地，没有办法真正为读者提供'高效'的价值。"这就是一种舍弃。"公众号上规模之后，有许多品牌找我合作，最高时每周会有十几个请求，但我一个都没有接。不是我不需要挣钱，而是我给自己定了规矩：非熟悉、自用和有背书的大品牌，一律不接，不管给多少钱。”这又是一种舍弃。

很多人总是觉得，获取容易，舍弃很难。其实，这是因为欲望作祟而产生的想法，如果不再受欲望的控制，就会发现，获取是很难的，难在无法做出最佳选择，要思考的标准和做出的判断太多。但舍弃却变得容易很多，只要拒绝不好的——不符合你的硬性标准的那些，就可以了。因此，当你面对种种机会和可能性，陷入困惑难以选择时，不妨反过来思考：在所有这些可能性之中，有哪些东西是可以排除的？

那位做公众号的朋友给我讲了一个他的习惯：“我平时在阅读、学习和交流的时候，每听到一种产品和商业模式，就会把它记下来。然后定期对这些产品和商业模式进行检视，把不符合品牌路线的、不符合价值观的直接删掉，剩下的则进入备选池。接下来我会去关注跟它们相关的信息，做一些小小的尝试和探索，再思考如何优化提升。”这样的好处是什么呢？他可以最大程度地实现聚焦，就不会被各种“月流水几百万”“年流水几个亿”“全国下线数十万”等声音扰乱思绪，去盲目地追求价值实现。

当然，你可能并未达到“见利不动心”的境界，但如果你对未来尚不明晰，不妨尝试以下的方式（见图 10－7），来帮助自己清晰地判断“噪音”，并且隔绝“噪音”。

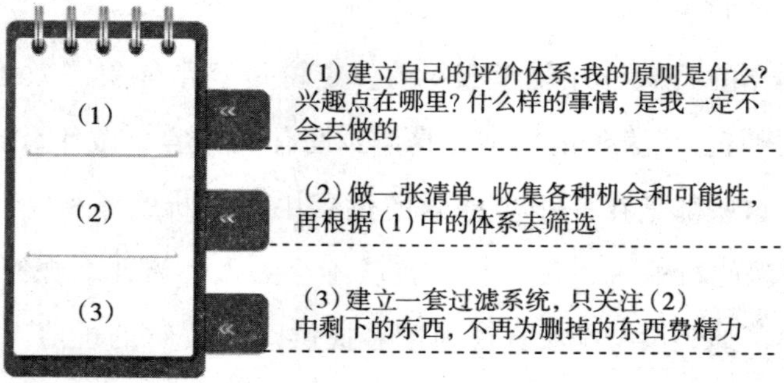

图 10－7　关闭欲望通道

第五节

钱不能解决的工作问题，人脉可以

钱不是万能的，毕竟钱解决不了所有的问题。我们日常的工作中，就有许多钱无法解决的棘手问题。此时，你一定会想，如果我的哪位朋友能帮我解决多好。朋友不只是在风和日丽时一同消遣，还要在疾风暴雨时相互温暖。所以，朋友是有温度的，是一个人一生中必须要有的。

现在，朋友多被称为人脉、关系，虽然功利了一些，但也无可厚非。我们把别人当朋友，当人脉；别人也把我们当朋友，也当人脉。我们有时希望得到朋友帮助，朋友有时也需要我们帮忙。因此，我们必须要不断深耕和优化自己的朋友圈，才能建立长久的友情关系，巩固我们的人脉圈子。以往介绍此类主题，多用“多少种方法打造优质人脉圈”“几项重要原则延展优质人脉圈”“N 条法则维护优质人脉圈”，今天我们另辟蹊径，从工作中和工作外分别阐述人脉圈的维护。

一、工作中的朋友，也是战友

战场上，稍有偏差，便会送命；职场上，感情用事也会断送前程。工作中既需要朋友，但更需要的是战友。战友在一起，能够同心协力打击共同的敌人，向着共同目标拼搏，共同遵守严谨的规则，在相互的信任中实现完美的配合。可见，建立战友的关系对于工作的重要意义。美国的经济学家穆瑞·罗斯巴德对于如何与“战友”协力，给了五点建议：

第一，管理好自己的“友情预期”。

工作中一定会产生争论和竞争，是战友就需要彼此接纳和信任，尊重对方的意见和决策，并在相互的探讨中达成最终的意见。

第二，管理好自己的时间和精力。

联络“战友情”只能是工作之余去实现的，不能占用工作时间，相信一个认真工作的人是绝不愿意与不认真工作的人成为“战友”的。

第三，管理好自己的“三官”。

不该看的不看，不该听的不听，不该说的不说，管好自己的眼睛、耳朵和嘴巴这“三官”。我们应该将精力放在学习技能和增长经验上，对于“八卦”不要参与，也要将心态放平，认真努力，不去抱怨，时间一定会给你一个公平的结果。

第四，慎用社交媒体。

如今晒朋友圈非常流行，但你要知道，你晒出去的朋友圈就像泼出去的水，永远无法控制阅读者是怎么看、怎么想的。所以，发的时候一定要想好，你通过社交媒体希望别人怎么看你。但也要做好善后的准备，如果有人因为某事产生曲解该如何应对。如果你不愿承担不好的局面，或者无力处理不好的局面，就干脆不要晒出自己，毕竟这些行为很多时候并不是真正被需要的。

第五，设定清晰的界限。

人与人之间无论到什么时候，都要保持距离。在西方世界，人们尤其重视“界限”，关系再亲密的人，也要守住界限，不能越界。在工作中，更需要保持界限，毕竟你与“战友”只是工作上的伙伴而已。这一点尤其在上司与下属之间更加重要，不仅有“战友情”，还有“等级线”，任何时候都要知道自己的身份，才能不给自己增添麻烦。

二、工作外的朋友，更是益友

某人对我说起他的经历：“两年前，我是一个买课程都会被当韭菜收割的小白。两年后，很多人和我交流，都说我有见识，思考有深度。”他的前后反差源自什么呢？他说：“是朋友的助力，是他们给了我各种启示。”听了他说的，再想想我自己，确实如此。有一段时间，我很焦虑。起源于看到的一则新闻：腾讯推出了写稿机器人，一天能写2000篇；阿里妈妈推出智能文案机器人，可以做出修改。人工智能来袭，写稿机器人都出来了，我的写作之路该何去何从？

一位行业外的朋友对我说：“任何时候，读书的能力都是未来不会变的第一竞争力。我们应该做的，是盯着自己到底有没有在坚持读书，坚持输出读书的内容。虽然我不是职业写作，但我也每天都在读书，有时候也写下自己的总结。所以，你也要盯着这个原则，坚持下去，就永远不会被淘汰。”这次交流，让我牢牢记住了一点：不管如何风云变幻，有些底层能力，永远是刚需。当我懂得了这个道理后，在之后的做事中，不再有焦虑。

很多人可能会感到失落，我身边没有这么高明的朋友，怎么办？很简单，朋友不会自己找上门来，需要你自己出去找。也不要怕没有方法，只要想做，方法总比困难多。比如，去参加一些高手开设的课程，你不能同高手成为朋友，但也能从高手那里得到些点拨。记住，想要结交高层次的朋友，首先要提高自己的层次，让自己尽量和高层次的人肩并肩，才能有一同交流的机会。还可以参加一些学习和活动，除了结识老师之外，还能结识其他优秀的同伴。朋友都是从陌生到相识再到相知的过程。总之，交友不能局限于同领域内，那样会束缚我们的眼界和思维。既要结交领域内的高手，也要尽量扩展领域外的高手，让自己的人脉成为工作的助力，甚至是人生的助力。

第六节

任何技能都能够被训练出来

当我在写作领域取得了一定的成绩后，我很是惊讶，因为这并非我的天赋所在。回想上学时候，写作文是相当困难的，无论如何也想不到如今我也能写作了。于是，我开始对天赋有了重新的理解。在“天赋平平”领域，我是如何经营出一片天的？我想通过《刻意练习》的作者安德斯·埃里克森的话来解释：“研究了许多被称为‘天才’的人，发现这些人并没有所谓的生来的‘天赋’，这些‘天才’也是普通人，并不像我们通常认知的，不用功就可以取得很大成就。相反，每个领域最杰出的人，往往是练习时间最久的那个人。”明白了吗？是要持续不断地进行自我训练，方能脱颖而出。也就是说，刻意练习就是天才背后的秘密。

所以，不要再认为天才是靠天赋取得成绩了，即便他们确实在某些方面具备天赋，也需要不断练习来构筑天赋。如果你不付出极大的努力，就不要妄想你的天赋能帮到你。刻意练习，关键是练习的“质量”。因此，埃里克森对刻意练习定义如下：最高质量的训练方式，产生最快的进步速度。刻意练习可以理解为“科学的训练”。

一、什么是“科学的训练”

（一）100%严格的刻意练习，需要满足两个外部条件

图 10－8 刻意训练的条件

1. 存在于较成熟的领域。

所谓最成熟的领域或行业，通常已经发展了几十年甚至上百年，经过数次变革，早已形成了一套稳定的行之有效的训练方法和客观的测量标准。

2. 有权威的导师。

找到一位合适的导师，以便在练习的过程中提供必要的指导和及时的反馈。导师的重要性不言而喻，因为在一开始我们根本不知道问题出在哪里，靠我们自己已有的认知是找不出来的。在导师的指导之下，能力和认识逐渐提升，具备了自己检测自己、自己发现错误、自己进行调整的能力。如果暂时找不到合适的导师，就利用网络：一种是利用网上丰富的学习资料、视频资源，帮助快速入门；另一种是在线学习的社群，找到学习的氛围。

（二）刻意练习发生时，有四个特征需要具备

1. 发生在舒适区之外。

人的身体和精神都偏爱稳定性，所以我们喜欢沉浸在各自的舒适区内，做着自己非常熟练的一项工作，甚至能够不用调动多少脑细胞就能自动完成。这种状态感觉好轻松，但也潜藏着巨大的危机，因为再也无法进步。总

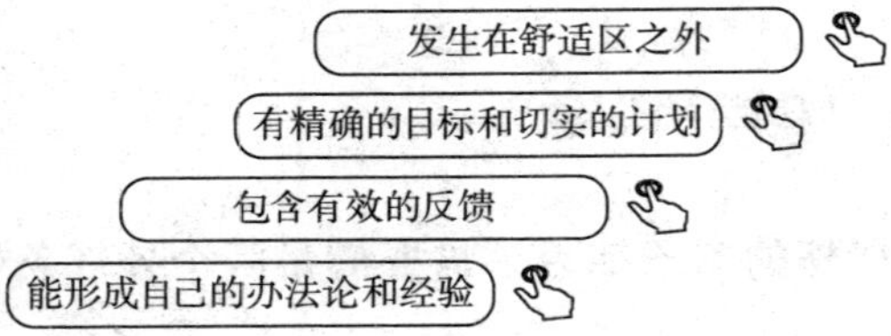

图 10－9 刻意训练的特征

是重复旧的东西，新的东西从何处摄入呢？就好像经常做“1＋1＝？”的问题，做再多遍又有什么意义！

心理学家给舒适区以正面和负面两种心理作用，正面的是保持情绪稳定（不做让自己为难的事情，当然不会引发坏情绪），维护自我形象（总是一副不失败者的姿态）；负面的是“温水煮青蛙”（成为了在舒适区中越来越不想变动的青蛙），松懈倦怠保守（渐渐失去了抵抗外界变化的意识和能力）。

因此，若是你不迫使自己走出舒适区，不仅永远不能进步，还会退步。但走出舒适区，意味着你要去做一些让自己感觉不太舒服的事情。即便如此，我们还是要走出舒适区，外面那么大，你得去看看。

当然，也不是一下子就彻底告别，要有渐进的过程。离开舒适区后先到学习区内去进行学习。学习区是心理学家诺尔·迪奇提出的“同心圈理论”中的一个圈层（见图 10－10）。

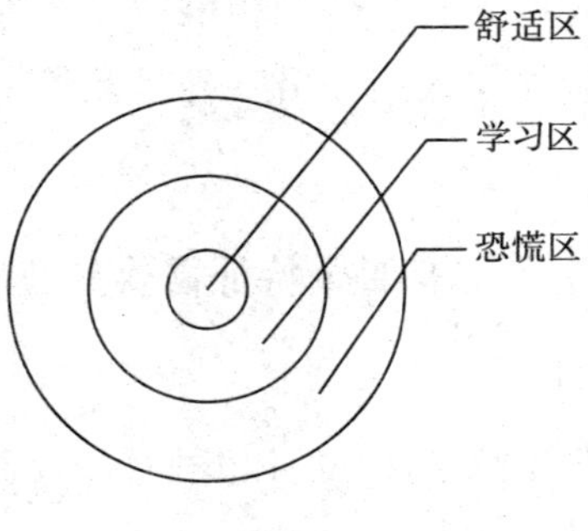

图 10－10 “同心圈理论”图示

内圈是舒适区：是已经完全或接近完全掌握的区域。在这个区域里练习将无法再获得提升了。

中圈是学习区：对这部分的知识、技能多处在一知半解的状态，或是没有熟练运用而成为自己的“技能”，因此进入这个区域就会感到“费力”，但只要坚持学习就能 Hold 住，所有的进步都发生在这个区域。

外圈是恐慌区：这是一个以目前的知识和技能很难理解的领域，根本无从下手，进入之后只能获得挫败感，带来源源不断的心理恐慌。

现在，某人要学习《新概念英语》，找来全部四册，发现第一册过于简单，第二册有 30% ~40% 的内容看不懂，第三册更多，第四册就是一片茫然了。所以，对于此人来说，第一册处于舒适区，第二册和第三册处于学习区（应该从第二册开始学），第四册属于恐慌区。

2. 有精确的目标和切实的计划。

精确的目标和切实的计划，概括起来就是做有目的的练习，然后通过一系列微小的改进进行积累，从而获得整体的进步。

要想取得进步，必须完全把注意力集中在任务上，坚决不能“多任务并行”。我原来是“多任务”的拥护者，觉得同时做两件事没什么关系，于是经常一边听有声读物，一边写作，还认为做到了一举两得。但在后来改正为专注目标的“单任务”模式后，才发现之前的效率低得可怕。

而制定计划则是在专注目标的基础上才能得以实现。有了明确的目标后，再以目标为准，制定出切实可行的计划。就像前面要学《新概念英语》的那个人，从第二册开始学，就要制定好每天什么时间学，每天学多少，学到什么程度，如何进行复习，是否参加考试，参加什么样的考试等。

3. 包含有效的反馈。

我们练习的目的是为了提高某一行业的知识和技能，是向着更好的方向去努力的，因此获得有效反馈极为重要，有效包含两方面：及时和客观。及时表现在时间方面，客观表现在对错方面。你必须及时地知道你的练习是对是错。对在哪里，错在哪里，对了如何更进一步，错了如何有效改正。如果没有建立有效的反馈，你会因为错误的练习而产生相反的结果。

这个反馈可以是别人给我们的，也可以是我们自己给自己提出的。练习的初期，尽可能的从导师（教练）处获得反馈；练习的后期，需要学会自我监测（见图 10－11）。

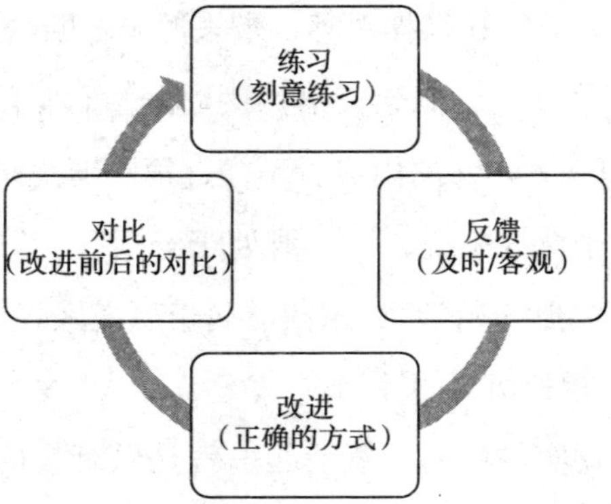

图 10－11　刻意练习的有效反馈

4. 能形成自己的方法论和经验。

刻意练习到了一定程度时，就能根据练习得出经验，这个经验可用于日后进行相关学习和工作时采用。当然，经验不是万能的，还是要有批判和学习思维，不断精进。

为了更好地总结经验和不断进步，最好将总结出的经验积累成方法论，或者逐条列出，或者结合具体事例记录。

二、科学训练的方法

（一）“六个月速成”的刻意训练

诺贝尔经济学奖获得者赫伯特·西蒙教授提出的一个理论：“对于一个有一定基础的人来说，只要真正肯下功夫，在六个月内就可以掌握任何一门学问。”该理论所依据的实验心理的研究成果表明：一个人 1 分钟到 1 分半钟可以记忆一个信息，心理学把这样一个信息称为“块”，而每一门学问所包含的信息量约是 5 万块，如果 1 分钟记忆 1“块”，记忆 5 万块大约需要 1000 个小时，以每星期学习 40 小时计算，要掌握一门学问大约需要用六个月。

为了感谢西蒙的研究成果，教育心理学界称这种学习法为“西蒙理论”或“西蒙学习法”。之所以将这种方法放在刻意练习小节，而不是放在高效学习小节，是因为该理论所阐述的运用方式更贴近刻意练习。

为了形象地说明，人们常把“西蒙理论”比作一把锥子，正如居里夫人所说：“知识的专一性像锥尖，精力的集中好比是锥子的作用力，时间的连续性好比是不停顿地使锥子往前钻进。”

“西蒙理论”所支配的练习方式，呈现出的是一种尖锐猛烈、持续不断的态势。如果用烧水做比喻，这种“锥子练习法”就是连续加热，热量散失得少，水很容易烧开；普通的间断练习是烧一会儿停一会儿，导致热量白白散失，难以烧开。

因此，如果我们想要在某一项具备了一定基础的领域继续锤炼，需要为自己留出六个月时间，然后规划好练习的方式、策略、进度，将全部能量集中在“锥子”上，连续不断地学习和练习，让自己时刻都能进步。六个月后，必将收获更好的自己。

（二）“一万小时”的刻意训练

六个月是多少个有效的工作或学习时长呢？是 1400 多个小时。也就是说，花费 1500 个小时，集中精力练习可以掌握某个相对有基础的领域。那么，如果要在没有基础的领域取得一定成绩呢？应该花费多长时间？

著名作家马尔科姆·格拉德威尔在他的著作《异类》中提出了“一万小时定律”。格拉德威尔一直致力于把心理学实验、社会学研究的统计调查改造成流畅、好懂的文字。他的研究显示，在任何领域取得成功的关键在于练习，需要练习1万小时——大约10年。

“一万小时法则”的关键在于，一万小时是最底限，而且没有例外之人。比如电脑天才比尔·盖茨，从13岁时开始学习计算机编程，7年后创建微软公司时，学习和练习的时长超过了1万小时。没有人仅用3000小时就能在某一领域达到世界级水准，5000小时也不行，7500小时也不行，一定要达到10000小时，这是走向成功的必经之路。

这里可能有人会产生疑问，上面说的六个月是1500个小时，1万小时怎么会是10年呢？不是应该三四年吗？

其实，这个问题必须与生活联系在一起，如果让你六个月潜下心学某项能力，你肯定能做到。但如果让你几年不工作，去学某样能力呢？恐怕除了上学阶段的学生，没有人有这种底气了，生活不允许。所以，工作之后的我们想要提高能力只能在业余时间，这样就无法做到一天八小时用在学习和练习上，通常也就是三个小时左右，累计起来就是十年。

“一万小时”与“六个月”最大的区别在于练习的重复性。虽然都是刻意练习，六个月更像是突击，所以重复练习的次数和时长都有所限制。而一万小时则是缓慢推进，重复的次数和时长都做到最大限度。

比如想成为一名优秀的牙医，就要在数年的学习和练习中反复锤炼，将知识运用于实践，将实践转化为经验。正因如此，一万小时的刻意练习要想切实达到效果，必须要遵守以下原则（见图10－12）。

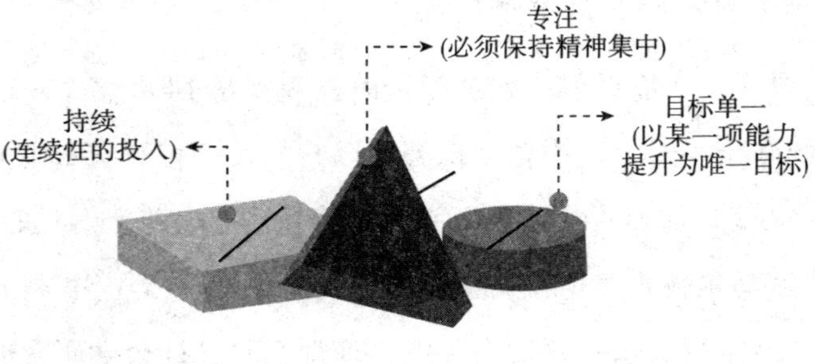

图10－12　“一万小时”刻意练习的原则

（三）“富兰克林方法”的刻意训练

从底层走向巅峰的本杰明·富兰克林非常善于刻意训练，这在其早期训练提高自己的写作水平时就能看出来。

富兰克林设计了一套练习方法：先找出一些优秀文章，大概阅读之后，记录内容的简单描述，几天后根据写下的线索重新阅读文章，再重新写对文章的描述，再找出当初的文章描述进行对比，然后纠正后写的版本（见图 10－13）。

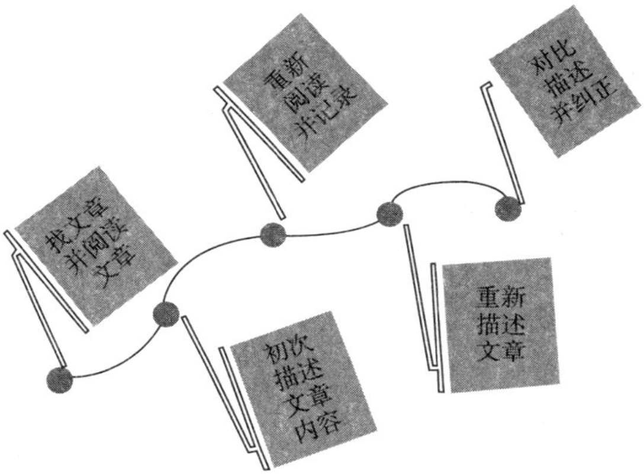

图 10－13　富兰克林的阅读自我训练

这种自我设计的方法，能够反复做一件事情，找出不足的方面，并根据不足采取不同的方式来提高，总结这些进步的方法，直到最终找到适合自己的方法。

第七节

复盘过去，把自己的经验转化为能力

一、复盘的价值和意义

曾经，我的学习和工作都缺少复盘，导致学习只是蜻蜓点水的效果，没有把学到的东西变成自己的东西，更没能转化为自己的能力。因此，本书的最后，我们强调复盘。

柳传志说："做一件事情要懂得'复盘'。"联想公司就很推崇这种"复盘"的学习方式：做一件事情，或者失败或者成功。不论结果，都重新演练一遍。大到战略方向，小到具体问题，最初的目标是什么，当时怎么做的，边界条件是什么，边界条件是否有变化，要重新演练一遍，这不仅是做总结，更是提高自己的一种方式。

那么，什么是复盘呢？有一句网上流行语："你所谓的十年工作经验，只是一种经验用了十年"。被很多人迷信的"经验"，很多时候只是"年龄资历"而已，并不能代表其真正的"能力或实力"。差距背后的原因就是"复盘能力"。

"复盘"就是"总结及不断改善的能力"。通俗的说法就是：一件工作做完以后，无论成功还是没成功，都要认真回想，然后具体地总结出成功的经验和失败的原因。一遍不够，需要反复多次地梳理。”这项能力对我们很重要，需要将这种能力全面运用到工作和生活中。

复盘的核心价值是“巩固成功与改正错误”。成功了，多想想客观因素；失败了，多找找主观原因。核心目的是在于从行动中学到经验教训，并将其付诸后续的改进。下面分三点讨论复盘的价值和意义（见图 10－14）。

了解事情的底层逻辑规律	传承经验，提升能力	不再犯同样的错误
·勤于思考 ·掌握缘由 ·系统运用 ·自我指导	·通过加工、整合、拓展、总结和分析进行复盘 ·将经验深度理解，全面收获	·吸取经验 ·逐步改正

图 10－14　复盘的价值和意义

工作中总有沟壑纵横，你掉进去了叫挫折，爬出来了叫成长，跃过去了叫能力。这真是我看到关于成长和能力最贴切的比方，但能力一定要经过成长阶段，而成长总是离不开挫折、磨练。但是，能力的积累过程和方法各不相同，结果和效果也各不相同。懂得复盘的人，会用更加聪明、更有效率的方式完成一次次能力的积累。

二、复盘的三个步骤

（一）记录——让错误留存下来

有一个说法“没有记录就没有发生”。如果你不认可，那么可以问问自己，去年的今天你在做什么，那一天你有什么收获？我相信，只要不做记录或是那天没发生过影响人生的大事，任何人都无法回答出来。

但是，当你选择做记录，一切就不一样了。当然不能把每时每刻的事情都记上，这也没有必要。但要记录下那些让自己有所感悟的事情，比如，工作出现重大错误要记录，包括事情的后续（如何被处理，如何想办法，如何解决，有什么负面影响，自己有哪些教训和收获）也都要记录。再比如，工作中出现了一件小事情，和某人闹了小矛盾，工作出现小波折等，也要记录。

短时间内看，可能这些记录没有多大意义，最多是记录了经验教训而已。但请相信时间的力量，几年以后你可能会比没有记录的人得到更多成长，而且成长是有迹可循的。当记录的时间跨度足够长后，还可以总结出一些深层次的规律，有助于你提升自己的认知能力。

（二）深思——让错误发挥作用

首先是分析事情背后的原因，其次是分析原因背后千丝万缕的关系。如果说记录是流水账式的记叙文，那么深思就是讲究论题、论点、论证的议论文。不仅要对当时发生的事件进行深入细致的描述，还需要配合外部环境进行思考，认真剖析事件的全部真相。比如，导致工作错误的因素有哪些？当时执行时我是怎样思考的？那些思考都是合理的吗？有没有遗漏？

进行思考是需要调动知识“内存”的，当我们调用大量的“内存”去深思的时候，实际上就是“跳出来看自己”的过程。而且经过这个分析过程的加工，我们的思考能力会不断强化。只有经历这样深思的过程，才算认真复盘，也才能发现曾经没发现的因素。

（三）回顾——将错误永久封存

如实地记录，认真地深思，完成了这两步之后，就需要定期回顾了。回顾的意义在于，让我们过去的记录和深思价值倍增。

认识一个朋友，他在工作中有一个好习惯：在工作时会有意识地注意一些关键点，然后在工作之余及时记录，此后每隔一段时间会翻出来看，常常会有新的体会和收获。

在复盘过程中，对于自己经历过的事件定期回顾，就相当于不断进行“沙盘模拟”，慢慢就会形成一些思考框架和行为习惯，在做决策时会思考得更加系统、更加全面。

那些工作极其出色的人，通常会每年做一次“年度大总结”。这是对上一年的自己进行一次全面的复盘，这样的成长是以“年”为单位的。除了“大考”，他们还会进行“中考”和“小考”，也就是把复盘的周期设定为季度和月（见图 10－15）。

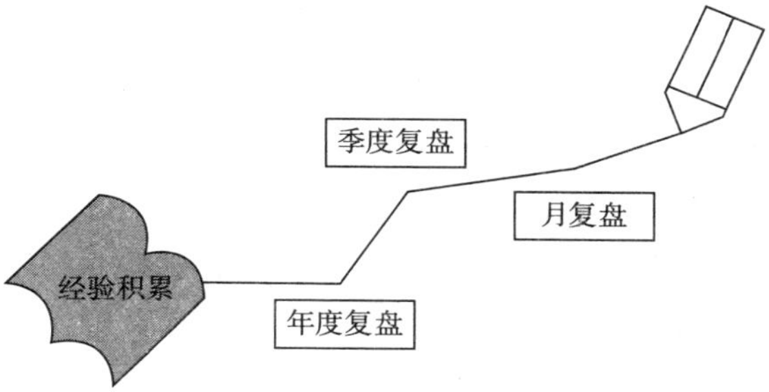

图 10－15　复盘的周期性

也就是说，当经验有了时间的加持，就会形成一些超越某个时间、超越具体事件的“认知——思考——决策”能力，那就是宝贵的智慧结晶。

总之，复盘的最大作用就是发现工作中的错误，再分析产生错误的原因，最后将这些经验融入自己的知识体系，让错误不致重犯。